臆病な経営者こそ「最強」である。

荒川詔四

ダイヤモンド社

はじめに

「臆病さ」は美徳である

「君は臆病だね」

そう言われたら、あなたはどう思いますか？

おそらく、バカにされたように感じて、不愉快に思うはずです。ましてや、会社を率いる経営者が「臆病者」と言われたら、怒りを覚えるのが普通だと思います。

「臆病」という言葉を辞書で引くと、「物に恐れやすい性質。ちょっとした事にも恐れること」などと書いてあり、そのような傾向の強い人物は「意気地なし」「腰抜け」と侮蔑《ぶべつ》されることもあります。

だからこそ、一般的には「臆病は克服すべきもの」「臆病は治すべきもの」と認識されているのでしょう。厳しい市場競争を生き抜くために、果敢に経営の舵取りをするべき経営者が、「臆病者」などというレッテルを貼られることに強い抵抗を示すのももっともなことだと思います。

しかし、私は、これにあえて異論を唱えたい。

人間誰しも、その内面には「臆病さ」を抱えていますが、それを否定する必要はないと思うのです。むしろ、その「臆病さ」こそが、私たちの武器だと認識すべきです。特に、顧客、従業員、株主、取引先、地域社会など、さまざまなステークホルダーに対する重責を担う経営者にとって、「臆病さ」は美徳ですらあると思うのです。

決して、奇《き》を衒《てら》ったことを言いたいわけではありません。株式会社ブリヂストンに身を置いて、四十余年にわたってグローバル・ビジネスの最前線で戦ってきた経験を踏まえて、そう確信しているのです。

真に「恐れるべきもの」は何か？

たとえば、私はこんな経験をしたことがあります。

タイ・ブリヂストンのCEOだった頃のことです。

工場を新設するにあたって、タイの日系金融機関から融資を受けたのですが、当時、好景気に沸いていたタイの通貨バーツは、借入金利が非常に高かったので、金利がバーツの約半分だったドルで借り入れることにしました。

問題は為替リスクです。

借りたドルをバーツに両替して事業投資をして、利益として手にしたバーツをドルに両替して金融機関に返済するわけですが、この間にバーツ安になれば為替差損が発生します。だから、為替予約などのリスクヘッジをかけるのが経営の定石《じょうせき》です。

ところが、当時のタイは経済成長が著しく、バーツはドルに対しても非常に強かったので、周囲の会社の経営者たちの多くはリスクヘッジをせずに、ドルを〝裸〟で使っていました。リスクヘッジをすれば、その分コスト高になるのを嫌ったのです。

しかし、私はこれが怖かった。

為替変動は誰にも正確に予測することができないからです。いつ何が起きるかわからない……。そこで、私は万全のリスクヘッジをかけることを選択したのですが、周囲の経営者のなかには、そんな私を嗤《わら》う人もいました。

「バーツは強く、今後はバーツ高がさらに進む予測さえある。そうなれば、返済するためにドルに両替した時に、為替差益が生まれる可能性だってある。うちはドルを〝裸〟にしているおかげで、安いコストで大きな投資ができている」というわけです。

そこには、為替変動リスクを恐れる私を「臆病者」と軽侮《けいぶ》するニュアンスもあったように思います。

それでも私は、「そんなものですかね」と笑って聞き流して、そうした声を相手にしませんでした。なぜなら、為替差益などというものは、本業とは関係のないものだからです。誤解を恐れずに言えば、〝あぶく銭〟のようなものなのです。

それよりも、重要なのは「実力」。本業でしっかりと稼いでいる限り、為替差益などなくとも健全な経営はできます。

むしろ、恐れるべきなのは、現場の従業員が汗水垂らして稼いだ利益を為替差損で飛ばしてしまうことです。現場の従業員からの「信頼」こそが会社の力の源泉。〝あぶく銭〟に色目を使ったがために、従業員からの「信頼」を傷つけることを、私は最も恐れたのです。

そして、私の危惧は現実のものとなりました。

突如、バーツが暴落。1997年に起きたアジア通貨危機の引き金を引いたのです。まさかここまで劇的なことが起きるとは思っていませんでしたが、リスクヘッジをしていなかった企業が大損害を被る一方、「臆病」だった私は全くの無傷。他社が後遺症から立ち直るのに苦労するのを横目に、タイ・ブリヂストンは順調に東南アジアでのシェアを高めていくことができたのです。

世界は「危険」に満ちている

これは、ほんの一例です。

このほかにも、「臆病さ」が求められる局面はやまのようにありました。

これは、当たり前のことです。なぜなら、この世界は不確実性の塊であり、ビジネスは予測不可能なゲームだからです。

私は、1968年にブリヂストンに入社して以来、タイ、中近東、アメリカ、ヨーロッパ、中国など、世界中でビジネスをしてきて、このことを骨の髄まで叩き込まれてきました。

地政学的な状況、政治情勢、経済情勢、株価、為替などを完全にコントロールできる主体などこの世には存在しません。ましてや、一企業、一経営者の力でどうにかできるようなものではありません。

ブリヂストンは全世界に約14万人の従業員を抱えるグローバル企業ではありましたが、世界のなかではきわめて非力な「小さな存在」でしかないことを、何度も痛感させられてきました。

「怯《おび》える動物」のように鋭敏であれ

だからこそ、「臆病さ」は私たちの武器なのです。

いつ何が起こるかわからない、この危険な世界をサバイブするためには、猛獣の出現に怯える動物のように、研ぎ澄まされた「臆病な目」で世界を見つめることが欠かせません。

そして、自社がさらされているリスクを鋭敏に察知し、そのリスクを乗り越えるために的確な手立てを講じる。これこそが、経営者の果たすべき最も重要な役割のひとつなのです。だからこそ私は、経営者たる者、自分のうちにある「臆病さ」を最大限に発揮して、それを「武器」にしなければならないと思うのです。

ただし、単にリスクを察知するだけでは足りません。

重要なのは、察知したさまざまなリスクを検証して、「真に恐れるべきものは何か」を見極めることです。これさえできれば、多くの場合、講ずるべき手立ては自《おの》ずから見えてくるはずです。

先ほどの例で言えば、私が「真に恐れるべき」だと思ったのは、「為替リスク」そのものというよりは、万一「為替差損」が生じた時に、利益を稼ぎ出すために日々懸命の努力をしている現場の従業員たちの「信頼」を失うことだと見定めました。

繰り返しになりますが、そもそも企業にとって「為替差益」などというものは〝あぶく銭〟にすぎません。それよりも、日々の事業活動によって適正な利益を出す「実力」をつけることが大切であり、その「実力」をつけるうえで根本的に重要なのは、現場の従業員との「信頼関係」にほかなりません。

この「信頼関係」を傷つけるリスクに比べれば、得られるかもしれない「為替差益」など取るに足らないもの。その見極めさえつけば、万全のリスクヘッジをかけるという「結論」に自ずから落ち着くわけです。

「原理原則」から外れてはならない

このように、経営において重要なのは、「真に恐れるべきものは何か」を見極めることです。

そして、私は、さまざまな経験を積み重ねることで、こう考えるようになりました。経営には「原理原則」がある。経営者が真に恐れるべきなのは、その「原理原則」から逸脱することなのだ、と。

どういうことか？

先ほどの例に即して言えば、私が「原理原則」だと捉えたのは次の三点です。

第一は、為替変動は誰にもわからないということ。第二は、日々の事業活動によって適正な利益を生み出す「実力」こそが、経営にとって重要であるということ。そして第三に、その「実力」の源泉となるのは、現場の従業員との「信頼関係」であるということです。

「当たり前だろ？」と思われるかもしれませんが、ときに私たちはこうした「原理原則」を見失い、誤った経営判断をすることによって、企業に大きな損害を与えてしまうことがあります。

特に、「為替差益」などの〝目先の利益〟に目が眩《くら》むなど、経営者の「欲」が勝った時が危険なのかもしれませんが（あのときはメディアも「バーツ高が続く」と喧伝《けんでん》していたことにも要注意）、ちょっとした気の迷いであったとしても、そのために大きな代償を支払わされることになるのです。

その代償とは、巨額の「為替差損」を出すなどという表層的なものにとどまりません（それも手痛い損害ではありますが……）。

それ以上に深刻なのは、現場の従業員との「信頼関係」を傷つけることによって、企業の存立基盤を脆弱にしてしまうことです。失った「お金」は取り戻すことができますが、失った「信頼」を取り戻すのは至難のわざ。このような目には見えにくいけれど、深刻なリスクをもたらすことに対してこそ、経営者は「臆病」であらねばならないと思うのです。

頭で考える前に、身体で反応する

そこで、本書では、これまでのビジネス経験を紹介しながら、私が踏み外すことを恐れてきた「原理原則」を描き出してみたいと思います。

もちろん、私の経験や思索など、たかが知れたものです。だから、本書で描き出した「原理原則」が正解だなどというつもりはありません。

ただ、私なりに企業経営と真剣に向き合ってきた中で考えた「原理原則」をご提示することで、読者の皆さんがそれぞれに「原理原則」について考える材料にしていただければと願っています。

世界を「臆病な目」で見つめること。
そして、「原理原則」から逸脱することを恐れること。

この二つを徹底すれば、大筋において正しい経営判断をすることができると私は考えています。いや、経験を積み重ねることで、この両者を経営者の身体に刻みつけ、頭で考えるよりも先に、「これは危ない」「こういう場面での原理原則は、これだ」などと身体が反応するくらいにならなければならないと思っています。

その意味で、本書を『臆病な経営者こそ「最強」である。』と名付けました。私のささやかな経験と、私なりに真剣に考えてきたことが、多少なりとも皆さんのお役に立つことがあれば、望外の幸せです。

荒川詔四

目次

「コワモテ社長」の真実の姿

「危険すぎる決断」をくだした理由

それ以外に「生き残る道」がない

〝食うか食われるか〟の熾烈な戦い

殺気を孕むほどの「臆病な目」

2

経営指標

「数字」を追う者は「道」を間違える。

経営指標は「毒」にも「薬」にもなる

組織は「機械」ではなく「生命体」である

組織に「うねり」を生み出す

「数字」を追いかけるのは危険

「引き算」と「足し算」は同時に行う

「正しい経営」をすれば、結果的に「経営指標」は改善する

経営指標の「分析」は、〝死体解剖〟と同じようなもの

ミシュランの「強さ」の秘密

「基礎技術」を押さえた者が最強である

100年以上変わらない「コンセプト」を変える

基礎研究こそが「競争力」の源泉である

最終的に問われるのは、経営者の「覚悟」である

第2章 人材こそ最大の「資産」である

人材管理

5 「社員のモチベーションを上げる」などと思い上がってはいけない。

「モチベーション」のパラドックスとは？

「競争原理」がもたらす重大なリスク

経営が「社員の心の中」に手を突っ込むことはできない

「やる気」を失っていた社員の表情が変わる瞬間

重要な仕事を「任される」から、モチベーションは上がる
〝火の粉〟をかぶる覚悟が経営者にあるか？
「臆病な目」で自分自身を振り返る

若いうちは「自分の適性」はわからない
人は経験を通じて「自分」を知る
「ジョブ型雇用」が組織を壊す？
「戦闘力」の高い人材とは？
経営者に届く提案は、すべて「妥協の産物」である
経営者が「丸まった提案」を尖らせる
優れた経営者は、「尖った人材」を束ねる
「激論」を交わしながら、高度な「チームワーク」を発揮する
「中途半端なジェネラリスト」は通用しない

第3章 「権力」と「信頼」

8 経営者を貶める〝騙し絵〟に用心せよ。

権力

組織に「権力」は必要不可欠である

「権力」をもった瞬間に、「危機」は忍び寄る
「万能感」をもったら、経営者は終わり
組織が決定的に「変質」する瞬間
自分は「未熟な存在」とわきまえる
「権力」をもたない時にしか学べない大切なこと
「権力」とは補助ツールにすぎない

9

経営と現場

経営者は現場に対する「畏れ」をもて。

現場は「複雑怪奇」である
経営者が騙される「カラクリ」とは？
「理路整然」としたレポートは無力である
本社スタッフが「勘違い」する理由
入社3年目で体験した「現場の苦しみ」
本社に何度も頭を下げる「屈辱」
経営者は現場に対する「畏れ」をもて

経営は「バックキャスティング」で考える
経営の最も極限の状況は、「戦争」のようなものである
「革命的なアイデア」が生まれる条件
「無理難題」が組織を育てる
現場から全く反対の起きない「目標」に意味はない
「凡庸な計画」が出来上がるメカニズム
責任感が強い人ほど「保守的」になる
人間を動かすのは「感情」である
「権力関係」より「信頼関係」が大事

12

戦略

決して「コンサルタント」に使われてはならない。

コンサルタントには、なぜ「価値」があるのか?
コンサルタントの「戦略」には、明らかな「限界」がある
戦略は「立案」よりも、「実行」が圧倒的に難しい

現場は「葛藤」を抑圧するしかない
コンサルタントが、「現場」を壊すメカニズム
会社が「意思のない烏合の衆」へと堕落する

第4章 楽観的な「臆病者」であれ

不祥事

13 「トラブルは順調に起きる」と考える。

不祥事は「カビ」のようなもの?
「トラブルが起きているから、仕事は順調だ」と考える
「余人をもって代え難い人材」をつくってはならない
経営トップが「原理原則」を死守する
怖いからこそ「腹」をくくる
社員は「経営者の真贋」を鋭く見抜く

組織には「慣性の法則」が働く
「グレイゾーン」で成功すれば、いずれ「ブラックゾーン」に至る
なぜ、組織は「改革」に抵抗するのか？
組織に内在する「メカニズム」を熟知する

第5章 「平々凡々」こそ経営の極意

16

企業理念

組織の「常識」を磨き上げる。

「常識にとらわれるな」は本当か？
ルールの「網の目」を「常識」が埋めている
「常識」がなければ、「協力関係」は成立しない
社内で高い次元の「常識」を共有する
「企業理念」を、「常識」にまで落とし込む
経営トップが「企業理念」を死守する

［装　丁］奥定泰之
［編集協力］前田浩弥
［ＤＴＰ］ＮＯＡＨ
［校　正］小倉優子
［編　集］田中　泰

第1章

経営とは「創造」である

決断

1

「臆病な目」で残酷な世界を凝視せよ。

「優れた経営者」に共通するものとは？

臆病な経営者こそ「最強」である――。

これが本書の主張ですが、これに対して「臆病者はリスクを恐れて、積極的に挑戦できないのではないか？　それで、まともな経営ができるのか？」という違和感をもつ方も多いと思います。

たしかに、「いつでも臆病風に吹かれて、リスクをとって挑戦することができない」「リスクを恐れて、必要な時に決断することができない」のは、経営者として適任とは言えないでしょう。

しかし、一方で私は、「そういう人って、本当に臆病なのだろうか？」という疑問も禁じえないのです。いや、「失敗を恐れて、積極的な挑戦をしない」という選択肢をいつも選んでいる経営者がいるとしたら、それはずいぶんと〝図太い了見〟だとすら思うのです。

なぜなら、一切のリスクを取らず、何ひとつ挑戦しなければ、苛烈《かれつ》な市場競争のなかで淘汰されていくのは自明のことだからです。その「最悪の事態」を真正面から見据えて、そのことを真っ当に恐れるならば、失敗する可能性があったとしても、果敢に挑戦をする覚悟が決まるはずなのです。

実際、私はこれまで、果敢なる挑戦を繰り返し、企業を成長に導いてきた優れた経営者を見てきましたが、彼らは共通して、研ぎ澄まされた「臆病な目」をおもちだったと思います。

いつ何が起こるかわからない、この危険な世界をサバイブするために、猛獣の出現に怯《おび》える動物のように、あらゆる危険を敏感に察知しながら、自らの生存可能性を高めるために思考を深く巡らせる。そして、自社が置かれた状況を的確に把握したうえで、生き残るために必要なアクションを果敢に実行する……。

優れた経営者は、どんなに「豪胆《ごうたん》」なイメージを身に纏《まと》っていても、その奥底では「臆病な目」を光らせておられると思うのです。長期的な成果を上げてこられた経営者で、その「眼光」の鋭さを感じさせない人物はいないと断言してもいいくらいです。

「コワモテ社長」の真実の姿

私が、ブリヂストンで秘書を務めた社長もそういう人物でした。

その社長は、英語、フランス語、ドイツ語に堪能《たんのう》で、内外の新聞を含め膨大な出版物をいつも読み込んでいる、博覧強記《はくらんきょうき》ともいうべき教養人でしたが、社内外では「コワモテの人物」として認知されておられました。

私は、その社長のいわゆる〝庶務〟周りの秘書ではなく、実務をサポートするスタッフ秘書として24時間３６５日体勢で伴走させていただく機会を与えられたのですが、その「コワモテ」ぶりにはいつも緊張を強いられたものです。

私は、その社長から実に多くのことを学ばせていただきましたが、そのハイライトとも言えるのが、アメリカのタイヤ製造販売の大手企業であるファイアストンの買収でした。そして、社長と間近に接するなかで、「コワモテ」な外見の裏には、極めて鋭敏な「臆病な目」が隠されていることに気づいたのです。

あれは、１９８８年のことです。

もともと、社長は、ファイアストンとの事業提携を進めていたのですが、突如、イタリアに本拠を置くタイヤメーカー大手のピレリがファイアストン株の公開買付を発表（実は、裏側ではミシュランと連携していました）。それに対抗すべく、ほとんど瞬時にファイアストンの買収を決断されたのです。これに、社内外からは猛反発が噴出。秘書だった私も、あまりにも唐突な決断に大いに戸惑いました。

なにしろ、買収金額は約３３００億円です。

当時の日本企業としては最大規模のアメリカ企業の買収だったうえに、大規模リコールの後遺症で苦しんでいたファイアストンは、１日１億円の赤字を垂れ流す状態に陥っていたからです。そろばん勘定をすれば、どうみたってリスクしかありません。

しかも、ファイアストンは、ＧＥやフォードと並ぶアメリカの超名門企業。当時は、日米貿易摩擦の真っ只中だったこともあり、日本企業がファイアストンを買収することに対して、アメリカ国内には強い感情的な反発もありました。

あるアメリカの大企業のCEOから、「日本企業がアメリカの名門企業を買収したからといって、俺の会社と取引できると思うな」と暴言を吐かれたこともありました。実際、その企業は長年にわたってファイアストンと取引を続けて来たにもかかわらず、買収直後に、ブリヂストンとの取引を中止。この買収によって、ブリヂストンは〝茨《いばら》の道〟を歩まざるをえないという現実をまざまざと見せつけられたのです。

「危険すぎる決断」をくだした理由

それだけではありません。

当局との手続き上、買収を決断するまでの時間があまりにも少なかったため、デューデリジェンスに万全を期すだけの余裕がありませんでした。だから、買収した後になって、どんなリスクが飛び出してくるかもわからないわけですから、「危険すぎる」という批判が巻き起こるのも当然のことでした。

しかも、その批判が正しかったことはすぐに明らかになりました。ファイアストンの買収交渉が終わり、ＰＭＩ（経営統合）を進める段階に入ると、ありとあらゆる問題が噴出したからです。買収に反対していた人々からは、「そら、みたことか」「だから、言っただろう」と厳しく指弾《しだん》する声が投げつけられました。

あるいは、国内の営業部隊からは、「自分たちが必死になって稼いできたお金を、放漫経営のファイアストンに投入するのはけしからん」という反発が日増しに強まりました。

私も海外の営業現場でさんざん走り回り、汗をかいてきましたから、タイヤ一本売るのがいかにたいへんなことかは骨身にしみています。彼らの言い分もよくわかるだけに、社長秘書として社内調整をするのに苦心惨憺《さんたん》したものです。

このように、リスクしかないと言っても過言ではない状況で、社長はファイアストンの買収を決断。そのプロセスにおいて、社長は「コワモテ」を全面に押し出すこともありましたから、多くの関係者は「剛腕社長」という印象をもったかもしれません。

しかし、ずっと社長のそばで仕事をしてきた私は、社長の実像は、それとはかなり違ったものだったと推察しています。

それ以外に「生き残る道」がない

私は、社長が買収を決断して以降、疑問に思ったことがあれば、しつこく質問をしてきました。

経営が極端に悪化していたファイアストンを買収するのはリスクが大きすぎる。別の中規模の会社を買収する選択肢もあるのではないか？　まともにデューデリジェンスをする時間も残されていないのだから、買収後にとんでもない負債が明らかになるかもしれない。そんなリスクを取ってもいいのか？

社長の決断への反発が渦巻く現場に赴《おもむ》いて、彼らを説得する役回りを果たさなければならない私は、自分のなかの疑問をすべてクリアにしておく必要があったので、ときに社長にうるさがられながらも、臆《おく》することなく質問を重ねたのです。

そして、社長は、そのすべてに明確な回答をもっていました。

これには舌を巻きました。

おそらく、社長はこれまで長い年月をかけて、ブリヂストンが生き残る戦略を、ありとあらゆる角度から検討されてきたのでしょう。そして、ピレリが公開買付を公表した、まさに「あの瞬間」に、ファイアストンを買収する以外にブリヂストンが「生き残る道」はないと確信されたのです。

「もちろん、買収後、ありとあらゆる問題が噴出するだろう。しかし、その問題をなんとしても解決し、乗り切るしかない。それ以外に、我が社が生き残る道はないんだ」という社長の言葉は、いまも忘れることができません。

〝食うか食われるか〟の熾烈《しれつ》な戦い

その決断の背景にあったのは、強烈な危機感でした。

日本で初めて国産タイヤを製造したブリヂストンは、古くから超優良企業でしたが、世界を見渡せば、フランスのミシュラン、アメリカのグッドイヤーとファイアストン、イタリアのピレリなど、西欧先進諸国のグローバル・ジャイアントの存在感が圧倒的で、ブリヂストンは日本とアジアでほとんどの稼ぎをあげているのが実情でした。つまり、アジア辺境の企業にすぎなかったのです。

そして、タイヤは国際規格商品ですから、世界中どこでも販売することが可能。国境などあってなきがごとし。世界中のメーカーが〝食うか食われるか〟の熾烈な戦いを繰り広げる〝Cut Throat Business（喉をかき切るビジネス）〟なのです。そして、〝食われる〟のは企業規模に劣る企業。タイヤのような大量生産大量消費の商品は、規模の利益が強く働くからです。

つまり、たとえ日本市場においてナンバーワン・シェアを確保していたとしても、グローバル・ジャイアントが本気で日本市場に攻め込んできたら〝食われてしまう〟ということ。いわば、当時のブリヂストンは、猛獣が闊歩《かっぽ》する世界市場に放り出された小動物のような存在だったのです。

だから、一刻もはやく世界でのシェアを高めなければ、猛獣の〝食い物〟にされてしまう……。若い頃から主に出版物を通して海外の文化、経済、社会を観察し、とりわけ業界の動向に深く関心をもって来られた社長は、世界での自社の立ち位置を理解されており、この強烈な危機感をずっともち続けてこられたのだと思います。

殺気を孕《はら》むほどの「臆病な目」

そして、ブリヂストンの社長に就任されると同時に、グローバル・ジャイアントに対抗できるポジションに立つために猛然と動き始めました。

しかし、かなり追い詰められた状況にあったようです。世界市場でのシェアを高めるためには、すでにグローバル・ジャイアントが押さえている市場に食い込まなければなりませんし、各地に工場を建設する必要もありますが、それにはあまりにも時間がかかりすぎるからです。

その間に、世界市場はグローバル・ジャイアントに完全に掌握《しょうあく》されてしまうに違いない。そうなれば、アジア辺境の一企業が挽回《ばんかい》するのは至難のわざ。「自力だけでは、グローバル・ジャイアントに勝てない」と判断せざるを得ない状況に追い込まれていたのです。

そこで、浮上したのがファイアストンとの事業提携でした。ファイアストンは経営難に陥っていましたが、世界中に拠点を有するグローバル・ジャイアントでしたし、地域的にブリヂストンとの重複が少ないという大きなメリットもありました。だから、ファイアストンと手を組めば、一気に世界シェアを高めることができる。つまり、「時間」が買えると判断したわけです。

しかし、ここですかさずピレリが公開買付を発表。これを許したら、ブリヂストンは〝食われる側〟に陥ってしまう。おそらく、この現実を前に社長は慄然《りつぜん》とされたはずです。だからこそ、「この瞬間を逃したら、すべては終わる」と、ファイアストンの買収を即断されたのだと思います。

もちろん、社長は、ファイアストン買収に伴うリスクが、どれほど巨大であるかを誰よりも認識されていたはずです。

しかし、そのリスクを恐れて、この決定的な瞬間に買収の決断ができなければ、ブリヂストンは確実に〝食われる側〟に回ってしまう。その「最悪のリスク」を避けるためには、買収に伴うリスクをすべて飲み込む覚悟を決めるほかない。社内外から猛反発を受けることを百も承知のうえで、そうお考えになったのだと思います。

しかも、社長は、世界中のタイヤメーカーの動向を詳細に観察し続けるとともに、どの企業と組んだらいいかについても、ありとあらゆる可能性をシミュレーションしておられました。

それは、私が「ファイアストンのような危険な会社ではなく、もっと他に買収すべき企業、たとえばX社があるのではないですか？」と問うたときに、私が挙げた企業はもちろん、さまざまな企業名を挙げながら、どの企業もブリヂストンにとっては「帯に短し、襷《たすき》に長し」ということを、理路整然と説明してくださったことからも明らかです。

その「一分の隙」もないロジックに、私は舌を巻くとともに、そこまでシミュレーションを極めていたからこそ、「あの瞬間にファイアストンを買収する」と即断することができたのだと心の底から納得したのです。

そして、そこから浮かび上がる人物像は、普段の「コワモテ」とは全く異なり、従業員、株主、取引先などすべてのステークホルダーに対する責任を一身に背負いながら、猛獣が闊歩する世界を、殺気を孕むほど「臆病な目」で見据えている孤独な男だったのです。

これは、この社長だけではないはずです。

長期的な成果を上げてこられた経営者はどなたも、これと同質の「臆病な目」や「孤独」をおもちだと思います。単なる図太い神経の持ち主が下す「豪胆な決断」ほど怖いものはありませんし、実際には、そのような人物が、腹を据えてリスクに立ち向かうような決断はできないと私は思います。

そうではなく、「臆病な目」でありとあらゆることを自分の頭で考え抜くことができる人物だけが、「それ以外に選択肢はない」という確信に至ることができるのであり、だからこそ、「大胆な決断」を貫徹するだけの度量を備えることができるのだと思うのです。

経営指標

2

「数字」を追う者は「道」を間違える。

経営指標は「毒」にも「薬」にもなる

「経営指標」とどう向き合うか？

多くの経営者が試行錯誤をしているテーマではないでしょうか？

ご存知のとおり、「経営指標」とは会社の経営状態を数字で表したものです。財務諸表のデータを使って経営状態を可視化し、それを分析することで、自社の不足点、弱点、改善点などを把握することに大きな意味があります。

私もブリヂストンCEOに就任した時に、「名実共に世界ナンバーワン企業になる」という大目標を達成するために、「ROA（Return On Assets、総資産利益率）6％」という定量目標を設定。この「経営指標」をひとつの軸に据えることで、経営改革を着実に進めることができたと実感しています。

ただし、この「経営指標」は使い方次第で、薬にも毒にもなります。下手な使い方をすると、経営の持続的成長を阻害する要因にすらなりかねないので、十分に気を付ける必要があると考えています。

第一に指摘したいのは、「あれもこれも」と大量の「経営指標」を日々参照するのはやめたほうがいいということです。

私自身、かつて経営危機に陥った海外企業を買収した時に、その会社の事業所の壁のいたるところに、さまざまな「経営指標」が貼り出されているのを見たことがありますが、その瞬間に、「こんなの意味ないよ……」と直観したのをよく覚えています。

飛行機のコックピットには、高度、速度、方位などいくつもの「指標」が掲示されており、パイロットは、それらが刻一刻と変化するのを見ながら操縦をしています。しかし、組織は生命体ですから、飛行機のような機械とは勝手が違うと思うのです。

組織は「機械」ではなく「生命体」である

想像してみてください。

スマートグラス（視界に情報が表示されるメガネ）をかけて、常に表示される心拍数、血圧、血中酸素濃度、摂取カロリーなどを見ながら、生活習慣、食生活などを改善しなさいと言われたら、どう思いますか？

毎秒更新される細かいデータを見るだけでもたいへんな負担ですし、いちいち「これはいけない、改善しなければ」などと考えていたら、かえって気が病んでしまいそうです。それに、細かいデータに気を取られて、目の前のことに集中することも難しくなるでしょう。車の運転などしていたら、確実に事故を起こしてしまうのではないでしょうか？

あるいは、子どもにそんな環境を用意しても、すくすく健康に育つようには思えないですよね？「大人になったら、こんなふうになりたいね」などと、もっと大きなビジョンを与えたほうが、よっぽど健全に成長してくれるような気がします。

もちろん、ちょっと肥満気味になってきた時には、「体重」を毎日測るのはもちろん、「摂取カロリー」に気を使って、「ごはんは一杯まで」といった食事制限をする必要があるでしょう。このように、その時その時の課題に応じて、特定の「指標」を意識するのが健全なことではないでしょうか？

これは、経営においても同じだと思います。

組織は均一な升《ます》ではありません。ましてや「機械」ではない。個性をもった個々人からなる大きな「生命体」です。

そのような組織を成長させていくために何よりも重要なのは、「こういう会社になろう！」という大きなビジョンです。それが全従業員に浸透し、心の底から共感してくれた時に、組織には「うねり」のようなものが生まれ、あたかも巨大な「生命体」のように活力を発揮し始めるのです。

そして、そのときどきの課題を乗り越え、目標を達成するために、それに応じたシンプルな「経営指標」を全社員で共有することで、組織全体を望ましい方向へと導いていくことに意味があるわけです。

組織に「うねり」を生み出す

そもそも、現場で目の前の仕事に立ち向かうだけでも多忙を極めている大多数の従業員たちに、「大きなビジョン」とひとつか二つの「経営指標」をしっかりと共感・理解してもらって、それを目指して歩調を合わせてもらうだけでも、ものすごく難易度の高いことです。

にもかかわらず、飛行機のコックピットよろしく、いくつもの「経営指標」を示しても、社員も会社も消化しきれずに混乱・迷走するだけ。はっきり言って、ナンセンスなのです。そして、組織という生命体に「うねり」を生み出すためには、その組織にとって最適な「経営指標」に絞り込むことを原理原則とすべきだと思います。

だから、すでに述べたように、私はブリヂストンのＣＥＯになってすぐに「ＲＯＡ」を主たる「経営指標」に据え、「５年間で６％にする」という数値目標を設定しました。

ご存知のとおり、ＲＯＡの計算式は「利益÷総資産」です。「総資産」とは、株主が出資した資本金や銀行などからの借入金、保有している資産など「企業に投下されたすべての資産」のことで、その総資産が利益獲得のためにどれほど効率的に活用されているかを示す「経営指標」です。

一方、「ROE（Return On Equity、自己資本利益率）」という「経営指標」を採用する企業もたくさんあります。

ROEの計算式は「利益÷自己資本（株主が出資したお金）」。すなわち、「株主の出資したお金」が利益獲得のためにどれほど効率的に活用されているかを示す「経営指標」であり、これも非常に有意義な指標であることは論ずるまでもありません。

しかし、当時のブリヂストンのように、事業を成長させる投資を行うために、銀行などからも多額の借入れをしているほか、装置産業という性格もあり、大きな資産を抱えている企業にとって重要なのは、すべての資産の効率化が求められる「ROA」だと考えました。

また、ROAの適正かつ理想的な数値は、産業や個々の会社の特性によって大きな幅がありますが、ファイアストン・タイヤのリコールの傷がいまだ癒えない状況や、ブリヂストンが掲げる「名実共に世界ナンバーワン企業の実現」という大目標を踏まえて、当社の歴史上初のグローバル連結目標としては十分チャレンジングな「6％」

を目標に設定しました。

６％をグローバル連結ベースで達成すれば、当社としてはかなりよいレベルの企業体質になり、これを通過点として、さらに全社が一丸となって愚直に改革を進めていけば、必ず「名実共に世界ナンバーワン企業」になれると、深く考えた末に結論づけたのです。

このように、「自社にとって何が最適か？」という観点で、「経営指標」を活用することが重要だと思います。

「数字」を追いかけるのは危険

第二に注意を促したいのは、「経営指標」を改善するために、「数字」を直接操作しようとしてはならないということです。

たとえば、ＲＯＡの場合であれば、分母である「総資産」を圧縮すれば、「利益」はそのままでも「数字」は改善します。つまり、自社株買いをして資本金を圧縮したり、保有する資産を売却すれば、「分母」が圧縮されますから、事業内容に改善を加えなくとも、一時的にはROAを改善させることができるわけです。

しかし、それに本質的な意味があるでしょうか？

もちろん、事業規模に比して資本金や資産が過剰である場合や、不活動資産や将来も利益を生まない事業などは、それらを整理する必然性があるでしょうが、単にROAという「経営指標」の見栄えをよくするために、自社株買いや資産売却するのは本末転倒だと思います。

ところが厄介なことに、自社株買いをすれば一時的に株価は上がりますし、資産売却によって特別利益が出れば、配当金が増える可能性もあるため、多くの場合、株主はその施策に賛成します。そのため、多くの企業で自社株買いや資産売却がさかんに行われてきたのが事実だと思います。

私も、そのことに一定の合理性はあったとは思います。

最近まで、日本企業は欧米企業に比べて、資本効率・資産効率を示す「経営指標」であるROE・ROAがかなり劣っていたのは事実であり、その背景には、日本企業が総じて投資家に対する意識・対応が弱い実態があるという指摘がされていました。そのような状況を改善するために、日本企業が自社株買いや資産売却を行うことに異論があるわけではありません。

「引き算」と「足し算」は同時に行う

しかし一方で、経営は常に、ムダをそぎ落とす「引き算＝自社株買いや資産売却」と、成長のための「足し算＝投資」が対《つい》になっていなければ、持続的成長を描くことができないのも事実です。

その観点からすれば、自社株買いや資産売却などの「引き算」のみに注力するのであれば、それは事業規模の縮小にほかなりません。それでは、一時は、株主や会社に利益をもたらし、ＲＯＥ・ＲＯＡの数字を改善するかもしれませんが、長期的に見れば、企業の持続的成長を阻害する結果を招くのは自明のことです。

しかも、企業の持続的成長において最も重要なのは、将来の利益を生み出すための

「投資」であるにもかかわらず、「投資」のために増資をしたり、銀行借入れを増やしたりすれば、計算式の分母が増えて短期的にはＲＯＥ・ＲＯＡは悪化するわけです。

このように、ＲＯＥ・ＲＯＡなどの「経営指標」の見栄えをよくすることを目標にすると、結果的に、企業体質を劣化させ、持続的成長を自ら損ねる結果を招く可能性があるということです。これは、実に恐ろしいことではないでしょうか？

「正しい経営」をすれば、結果的に「経営指標」は改善する

このような「愚か」なことを避けるためには、「正しい経営をすれば、結果的に経営指標が改善する」という原理原則をしっかりと理解する必要があります。

「経営指標」の数字を直接操作しようとすると、ほぼ確実に経営をいびつな形に歪めてしまいます。「数字」を追いかけてはいけないのです。そうではなく、自社の「あるべき姿（ビジョン）」を描き出し、それに近づくために必要な合理的な手立てを講じる。この「経営の王道」を歩むことによって、結果として「経営指標」は改善する

のです。

私も「ＲＯＡ６％」という目標を掲げた時点で、３兆２０００億円ほどあった総資産額を、数年で２兆９６００億円くらいまで圧縮しました。

しかし、それは単にＲＯＡの数字の見栄えをよくするためではなく、「名実共に世界ナンバーワン企業になる」という大目標を実現するために、次のような戦略を策定・実行していった結果にほかなりません。

戦略の根本に置いたのは、鉱山用超大型・大型タイヤ、高インチ乗用車タイヤなどの「高付加価値商品群」の強化・拡大です。それを実行できるようにＲ＆Ｄ（研究開発）体制を強化するとともに、製造部門は、老朽化して競争力を失った工場を閉めて、今後拡大する「高付加価値商品群」を製造できる最新鋭の工場を増設するほか、これから市場が拡大する地域に競争力のある新工場を建設することを決定。さらに、既存の営業部隊を大規模に再編成して、確実に「玉」を売り切ることができる体制に強化していったのです。

その結果、ＣＥＯの任期中には、全く予期しなかったリーマン・ショックと東日本大震災が発生しましたが、全世界に広がるグループ会社の14万人の従業員たちが協力しあって、大きなうねりを生み出してくれた結果、総資産額を2500億円ほど圧縮するとともに、当初決めた目標年度にROA6％を達成することができたのです。

経営指標の「分析」は、〝死体解剖〟と同じようなもの

このように、健全な事業体にするために合理的な手立てを講じることによって、その結果として「経営指標」は改善するのです。逆に、「経営指標」を改善することをターゲットにすると、「経営」そのものを歪めてしまいます。つまり、あくまで「経営指標」は、実際の経営の「結果」を示すものにすぎないということです。

そもそも、「経営指標」というものは、すべて過去の分析であり、過去の経営の「答え合わせ」のために使うものです。つまり、「経営指標」を分析するとは、実のところ〝死体解剖〟をするのと同じようなものであり、過激な物言いかもしれませんが、「経営指標」を見栄えよくしようするのは、〝死体にお化粧〟するようなものなのです。

それよりも大事なのは、「未来」を見据えることです。

自社が置かれている状況を正しく認識したうえで、「将来、こんな会社になりたい」という大きなビジョンを描くこと、そして、それに近づくための手立てを着実に講じていくことこそが最も重要なことなのです。

「経営指標」というものは、その「ビジョン」や「手立て」が正しいかどうかを確認するために使うツールにすぎません。「経営指標」が改善していれば、会社が正しい方向に向かっていると判断できますし、悪化していれば、適切に軌道修正をすべきという判断になるでしょう。このように、「経営指標」を用いることで、経営が正しい方向に進んでいるかどうかを、客観的にチェックすることに意味があるのです。

だから、くれぐれも「経営指標」の数字にのみ着目してはなりません。

「正しい経営をすれば、結果的に経営指標が改善する」という原理原則から外れることなく、健全な事業体をつくることに全身全霊を注ぐのが経営者の務めであり、それに徹することで自然と「経営指標」は改善していくのです。

利益は「絞り出す」ものではなく、「創造」するものである。

3

「とことん節約」が経営の基本

気前のいい経営者――。

これは、決して「褒め言葉」ではありません。

業績がいいときに〝大盤振る舞い〟をすれば、従業員をはじめとするステークホルダーは喜ぶかもしれませんが、そんなことは長続きしません。むしろ、会社を根っこから腐らせる結末を招くに違いありません。

お金を稼ぐというのは生半可《なまはんか》なことではありません。

現場が汗水垂らして稼いだお金を、気前よくばら撒いていれば、アッと言う間に底をついてしまうでしょう。

しかも、経営者の「緩み」は、組織全体の「緩み」に必ずつながります。その結果、ムダな経費ばかりが増え、ぜい肉過多の脆弱な組織体質へと変質。一度出来上がった組織体質は、一朝一夕には変わりませんから、これが組織を致命的な状況に追い込むことになるのです。

だから、私は「ムダ遣い」には目を光らせてきました。意味のない出費は極力控え、節約できるところはとことん節約するように注意を促してきたのです。少々うるさがられることもあったかもしれませんが、一度、組織のタガが緩むと、もとに戻すのがたいへんですから、常に目を光らせておいたほうがいいと割り切っていました。

「ローコスト・オペレーション」が会社を滅ぼす

ただし、私は「ローコスト・オペレーション（Low-Cost-Operation）」には断固として反対してきました。

「ローコスト・オペレーション」とは、読んで字のごとく、コストを削減することによって、利益を確保する経営手法のことを指します。私が徹底した「ムダ遣い」と何が違うのか？　そう思われるかもしれませんが、私のスタンスは、「ローコスト・オペレーション」とは根本的に異なります。

最大のポイントは、「目的は何か？」ということにあります。

すでに書いたように、「ローコスト・オペレーション」とは、「利益を確保する」という目的のために、「コスト削減」という手段を使っています。

しかし、私が「ムダ遣い」に目を光らせた目的は、引き締まった筋肉質の事業体にすることであって、それによって「利益を確保」するなどということは一切考えていません。いや、むしろ「コスト削減」によって「利益を確保」しようとすると、かえって会社を危うくすると考えているのです。

もちろん、「利益＝売上－経費」ですから、「ローコスト・オペレーション」で「経費」を絞るだけ絞ることによって、「売上」が増えなくても「利益」を増やすことはできます。

その一側面だけを捉えて、世間やメディアではしばしば「ローコスト・オペレーション」を実行した経営者を褒めそやすことがありますが、そんなものを信じてはいけません。たとえ一時は「利益」が増えたとしても、「ローコスト・オペレーション」一辺倒では、会社は必ずレームダック（死に体）に陥るからです。

かつて、知人の経営者からこんな話を聞かされたことがあります。

その知人が取引をしている中堅企業に〝やり手〟の社長が着任すると、人件費から材料費までバッサバッサとコスト削減を断行して、あっという間に、低迷していた「利益」を劇的に改善させることに成功したというのです。

社内の〝抵抗勢力〟を剛腕でねじ伏せて、「利益」を劇的に改善させる姿が、一部のメディアで好意的に紹介されたこともあったそうですが、その企業の内情を知る知人は、「危なっかしいけどな……あんな経営はもって数年だと思うんだけど」と首を傾げていました。

残念ながら、その予言は的中。原材料のコスト削減により品質が低下したうえに、人件費の削減によって現場が疲弊するなど、サービス力が低下したことで顧客が激減し、わずか数年で、危機的な経営状態へと陥っていったのです。

「現場の犠牲」の上に経営は成立しない

考えてみれば、これは当たり前の道理です。

「利益＝売上－経費」ですから、無理やりにでも「経費」を下げれば、短期的には「利益」が増えますが、その結果、品質やサービスの低下によって来客数が減少すれば、「売上」が減るので「利益」も減り始めます。そこで、「利益」を絞り出そうと、〝バカの一つ覚え〟のように「経費」を下げれば、「売上減→利益減」というマイナス・スパイラルへと陥るのは、小学生にもわかる道理ではないでしょうか？

しかも、人件費を下げることで現場が崩壊すれば、顧客サービスも劣悪なものになりますし、店舗オペレーションそのものが成り立たなくなるでしょう。その企業が長年にわたり築き上げてきた、ビジネスモデルそのものを崩壊させかねないわけです。

言ってみれば、ローコスト・オペレーションで「利益」を絞り出すなどという経営手法は、守旧派のことを「抵抗勢力」などと叩きながら、実際のところは、創業以来、経営者や従業員など無数の関係者が営々と築き上げてきた磐石《ばんじゃく》の経営インフラのうえで、「このくらいのことをやっても壊れないだろう」という甘い見通しで遊んでいるようなもの。はっきり言って、随分と〝ふざけた了見〟だと思うのです。

もちろん、私は、いついかなるときも「コスト削減」を優先してはならないとは考えていません。経営難に陥ったときには、なんとか「利益」を捻出するために、「コスト削減」に踏み切らざるを得ないことはあるでしょう。

しかし、その場合であっても、あくまで緊急避難的な措置であるという認識は不可欠ですし、経営側が人員削減などの「ローコスト・オペレーション」を現場に押し付けるようなことをすれば、拭《ぬぐ》い難《がた》いほどの禍根《かこん》を残すことになります。

そもそも、経営難に陥ったときには、会社に対する健全な所属意識をもち、経営側に対して一定の信頼感をもつ従業員たちは、「自分たちの力で、なんとかしなければ」「経営が立ち直るまでは、ボーナスを削減してでも、経営の健全化を優先すべき」などと考えてくれるものです。

にもかかわらず、まるで、これまでの現場の努力を軽んじるかのように、強引かつ一方的な「人件費の削減」を断行したりすれば、現場は強い「不満」や「不信感」を抑圧しながら、その命令に服従するほかありません。

そして、たとえば、それまで5人でやっていた工程を、3人でこなすようにすれば、「利益」を確保しやすくはなるでしょうが、単に人数を減らすだけであれば、その負担はすべて3人の社員に押し付けられることになります。業務量が激増するうえに、事故が発生する確率も上がり、危険な状況での労働を強いられることになるのです。

その結果、経営が立ち直ったとしても、現場の従業員たちは嬉しくもなんともないでしょう。むしろ、「自分たちの犠牲」のうえに成り立っている会社において、経営者が自分たちよりも厚遇を受けていることに、同じ人間として許し難いほどの「怒り」「恨み」をもつはずです。

経営者としての「自殺行為」とは？

私は、これを「経営」とは認めたくありません。

「誰かの犠牲」の上に成り立つ会社に存在意義があるとは思えませんし、従業員の「怒り」「恨み」が鬱積《うっせき》すれば、会社は根っこから腐り始めるに違いありません。「目先の利益」と引き換えに、そんなリスクを抱え込むのは、経営者としての「自殺行為」ですらあると思うのです。

では、どうすればいいのか？

私の答えは、「リーン＆ストラテジック（Lean & Strategic）」です。

「リーン」とは「ぜい肉がなく引き締まった筋肉質」という意味。つまり、「ムダなお金は使わない」「節約できることは節約する」「意味のあるお金だけを使う」ということです。

そして、「ストラテジック」とは「戦略的」という意味。つまり、「ムダなお金は使わない」ことで、ぜい肉がなく引き締まった健全な組織体を築き上げるとともに、そこで浮いたお金を戦略的な「投資」に回すということです。

重要なのは、「ローコスト・オペレーション」のように「コスト削減」一辺倒に陥るのではなく、「リーン」と「ストラテジック」を必ずペアで考えること。そうすることで初めて、現場の協力を得ながら、「経営の質」を高めることができるのであり、その結果として「持続的成長」を遂げる企業にすることができるのです。

「リーン&ストラテジック」を徹底する

たとえば、それまで5人でやっていた工程を、3人で回すようにするのであれば、減員する2人分の人件費を原資に、より効率的な動線を作り出すための「投資」をして、5人でやっていた頃よりも作業負担が少なく、かつ生産量も増やせるようにするといった工夫をするわけです。

もちろん、減員する2人は、別の工程に入ってもらって、その工程での生産量を増やすことで「売上・利益の増大」に貢献をしていただく。このように、「コスト削減」と「投資」を必ずペアにすることで、より大きな「利益」を生み出す事業体をつくることこそが経営なのです。

ここで重要なのは、単に、経営側が「リーン＆ストラテジック」な施策を打ち出すだけではなく、現場と一緒になって、その方策を考えるプロセスです。

先ほども触れたように、たとえ経営難に陥ったとしても、会社と信頼関係を築けている従業員たちは、「自分たちの力で、なんとかしなければ」といった「貢献意欲」をもってくれています。実は、この従業員たちの「貢献意欲」こそが、「お金」などよりもよっぽど価値の高い、経営にとっての最大の「資産」なのです。

経営側がやらなければならない最も重要なことは、従業員たちの「貢献意欲」を最大限に引き出すことにほかなりません。そして、この「貢献意欲」を最大化することができたときに、組織力は最大限に発揮されるようになるのです。

このように、「ローコスト・オペレーション」が組織を脆弱化させるのに反して、「リーン＆ストラテジック」に徹することによって、組織力を最大限に引き出すことが可能になるのです。

そもそも、「ローコスト・オペレーション」には、「投資」という概念が抜け落ちています。私に言わせれば、「ヒト・モノ・カネ」を投資することによって、社会的な価値を創造することこそが「企業経営」ですから、「投資」という概念が抜け落ちた「ローコスト・オペレーション」を「経営」と称すること自体に違和感があります。

そして、「利益」とは「コスト削減」によって絞り出すものではなく、「投資」することによって創造するものです。

この経営の原理原則を見失い、「ローコスト・オペレーション」を現場に押し付けるようなことをすれば、一時は「利益」を搾り取ることができたとしても、「利益」の源泉である組織そのものを崩壊させてしまうのです。

イノベーション

「投資効率」を最優先にすると、企業の〝突然死〟を招く。

4

企業の生存戦略の「原理原則」とは？

常に新規事業への投資を怠ってはならない――。

私は、これが企業の生存戦略における「原理原則」だと考えています。

言うまでもありませんが、現在の会社を成り立たせている既存事業を、そのまま維持しているだけでは、早晩、経営は行き詰まります。その事業の成功を見届けた他社は、続々とその事業に参入して来るでしょうし、後追い・追い抜きに全力を上げるでしょうから、いつまでも競争優位を保つことはできないからです。

そして、競争優位が失われて、経営に暗雲が立ち込めたときに、慌てて新規事業に取り掛かっても、うまくいく可能性はかなり低いでしょう。

なぜなら、「千三《せんみ》つ」＝「1000個の新しいアイデアのうち、成功するのはせいぜい三つ」と言われるように、新規事業の成功確率は極めて低いのが現実ですから、経営的に追い詰められてからでは、試行錯誤（成功するまで失敗を重ねる）を繰り返す時間が残されていませんし、資金余力にも限りがあるため、十分な投資ができない可能性が高いからです。

「投資効率」のみを追求すると企業を殺す

ところが、新規事業への投資が阻害されることがあるのが現実です。

たとえば、株主（投資家）の立場からすれば、既存事業によって得られた利益のうち、なるべく多くを配当に回すべきだと考えるのは当然のことであり、そのために、成功確率の低い新規事業への投資に対して批判的であるのも頷けることです。

実際、新規事業への投資を野放図《のほうず》に増やすと、失敗が続いたときに経営を揺るがすことにもなりかねませんから、そうした投資家の声にはしっかりと耳を傾け、緊張感をもって経営の舵取りを行うことはきわめて重要なことです。

ただし、何事も行き過ぎはよくありません。

新規事業への投資をカットすることで、短期的な投資効率を最大化しようとすると、長期的には致命的なダメージを企業にもたらすことになります。

かつての名門企業だった、フィルムメーカー「コダック」がまさにそうです。デジタル・カメラが主流になり、フィルムの需要がなくなったことで倒産に至ったわけですが、実は、デジタル・カメラが主流になる以前は、投資家から非常に高い評価を得ていた企業でもありました。

なぜか？

新規事業への投資をほとんどせず、株主への還元に熱心だったからです。

つまり、投資家にとっては、コダックは「投資効率の高い会社」だったわけです。ところが、その経営手法こそが、デジタル・カメラが主流になった瞬間に、最大の弱点となり、倒産という取り返しのつかない結果を招いたのです。

つまり、経営判断が「短期的な投資効率」に偏重してしまうと、「経営の長期的な持続性」にきわめて深刻な問題をもたらし、結果的に投資家をはじめとするステークホルダーにも迷惑をかけることになるわけです。

そのような最悪の事態を避けるためには、投資家をはじめとするステークホルダーの立場に配慮しながらも、常に新規事業への投資を積極的に続けることこそが、経営者に求められていると私は思うのです。

「致命的なダメージ」を与える投資とは？

だから、私はブリヂストンのCEOとして、かなり積極的に新規事業に向けた投資を続けました。ただし、私が特に重点を置いたのは「基礎技術の研究」でした。

従来からブリヂストンには「技術センター」がありましたが、そこで主に研究していたのは、タイヤをはじめとする、すでに会社に利益貢献している製品に、さらなる付加価値をつけるための技術開発でした。いわば「応用研究」と呼ばれる領域のものだったのです。

しかし、私はそれだけでは足りないと感じていました。

ブリヂストンには、タイヤをはじめさまざまな事業がありますが、その根幹にあるのは「ゴム（高分子ポリマー）」に関する独自の基礎技術であり、他社との圧倒的な優位性を確立するためには、この基礎技術を徹底的に掘り下げる必要があると考えていたのです。

そこで、私がCEOになったタイミングで、「中央研究所」を新設するとともに、高分子ポリマーの研究においてピカイチの実績をもつ研究者数人を迎え入れて、改めて基礎技術の研究を本格化させることにしたのです。

もちろん、言うまでもなく「応用研究」も重要です。すでにある製品について顕在化しつつある課題に対応する「新規事業」を生み出すことによって、さらに収益性を高めたり、顧客満足度を高めたりすることは、企業が生きていくうえで不可欠なことだからです。

タイヤ業界でも、さまざまな課題が顕在化しています。たとえば、電気自動車に最適化したタイヤを開発するために、タイヤの軽量化、耐摩耗性能アップや、転がり抵抗のさらなる低下が求められています。

あるいは、バスやトラックなどの事業用タイヤにチップを埋め込んで、空気圧やタイヤの減り具合などを常時データ送信することによって、最適なタイヤ管理ができるようにすることも技術的に可能になりつつあります。

そして、こうした「応用研究」は、現時点におけるタイヤメーカーの主戦場になっていると言ってもいいでしょう。

しかしながら、このレベルのアイデアそのものは、タイヤメーカーであれば、誰でも気づいていることであり、他社に先んじることは重要ではありますが、それゆえに圧倒的な優位性が生み出されるものとは言えません。あるいは、他社に多少の遅れをとっても、それだけで致命的な事態に陥ることは考えにくいとも言えるでしょう。

ですから、私は、このレベルの新規事業にばかり投資を集中させるのは、決して望ましいことではないと考えています。

このレベルの新規事業は実現可能性（成功確率）が高いですから、投資効率を優先するステークホルダーの理解を得るのは比較的容易ですが、この領域だけに注力していると、他社が「基礎研究」レベルのイノベーションを起こした瞬間に、致命的なダメージを受けることになるからです。

ミシュランの「強さ」の秘密

実際、フランスの名門ミシュランは、「基礎研究」レベルのイノベーションを次々と起こすことで、20世紀のタイヤ業界をリードしてきました。

たとえば、「ラジアルタイヤ」を現在の形にしたのはミシュランです。

タイヤはゴムだけでつくられているわけではなく、ゴムの中に繊維などの補強材を内蔵させることで強度を高めているのですが、1948年に、その補強材の構造にミシュランが革命を起こして、実用化にこぎつけたのが「ラジアルタイヤ」です。

その後、「ラジアルタイヤ」が耐久性と操作性に優れることが広く認知されるようになり、量産体制に入ったことで価格も下がったことから、世界中のほとんどの自動車やオートバイで「ラジアルタイヤ」が採用されるようになりました。

まさに、このイノベーションによって、ミシュランは世界を塗り替えたと言っても過言ではないのです。

さらにミシュランは、この「ラジアルタイヤ」の補強材として、「スチールコード」を使うという技術革新も起こしました。

素人が考えても、ゴムの補強材としてスチールが使えれば強度が劇的に向上するのは明らかなのですが、ゴムとスチールは物質としての相性が悪く、両者を接合するのはきわめて困難なこととされていたのです。

ところが、ミシュランは、両者を接合する特殊な接着剤の開発に成功。これによってタイヤの寿命が格段に伸びた結果、またしてもミシュランのイノベーションが世界を席巻《せっけん》したのです。

「基礎技術」を押さえた者が最強である

これらのイノベーションによって、ミシュランは、アメリカのグッドイヤー、ファイアストン、イタリアのピレリなど、並いるグローバル・ジャイアンツのなかで、圧倒的な競争優位を獲得しました。

ミシュランが製造したタイヤのシェアが、世界ナンバーワンになったのはもちろん、自社が開発した画期的な基礎技術に関する特許を押さえたことも非常に大きかった。なぜなら、ミシュランがもつ特許に触れることなく、「ラジアルタイヤ」を製造しようとすると、技術的にきわめて高いハードルが立ちはだかるからです。そして、ミシュランに追随《ついずい》せざるを得なくなった企業は、莫大な特許料を支払わざるを得なくなったのです。

その結果、ラジアルタイヤ市場で長年にわたり圧倒的シェアを獲得したミシュランがグッドイヤーを抜き、2005年にブリヂストンが世界トップシェアを奪取するまで、タイヤ業界のトップ企業として君臨し続けました（2019年に再びミシュランがトップシェアに復帰）。このように、ミシュランは、他社よりも「基礎技術力」を高めることによって、世界に冠たる超優良ブランドを築き上げてきたわけです。

実は、私が秘書課長だった頃、社長のかばん持ちとして、当時のミシュランの経営トップ――ミシュラン・ファミリーの実力者でした――とご一緒する機会があったのですが、その時、その人物は「ミシュランは『応用技術』などは技術として認めない。『基礎技術』しかも『ミシュラン・ユニーク』だけが技術である」と厳然とした面持ちで言い放ったのです。その姿を見つめながら、「ミシュランの強さはここにあるんだ」と深く納得させられたことを覚えています。

だから、ブリヂストンが世界トップに躍り出た翌年にCEOに就任した私は、「ブリヂストンのあるべき姿」として、「名実共に世界ナンバーワン企業になる」を掲げ、「基礎研究」への投資を劇的に増加させることにしたのです。

世界トップシェアという「名」に甘んずるのではなく、ミシュランを超える技術開発力という「実」を備えることで、圧倒的な優位性の確立をめざしたのです。

100年以上変わらない「コンセプト」を変える

ただ、このとき私は、ミシュランが成し遂げた「ラジアルタイヤ」や「スチールコード」といったレベルのイノベーションをめざすだけでは不十分だと考えました。なぜなら、タイヤの歴史を振り返ったとき、すでに１００年以上もタイヤのコンセプトに変化がないからです。

車輪の起源にはさまざまな説がありますが、一説には、紀元前３５００年ごろに古代メソポタミアのシュメール人が木製の車輪を発明したとされています。その後、鉄製の車輪が発明されたり、それに皮革を巻くなどの工夫がされてきました。

そして、車輪の外周にゴムを取り付けるようになったのは１８６７年のこと。ただし、それは総ゴム製のもので、スコットランドの獣医師Ｊ・Ｂ・ダンロップが、自転車用の空気入りタイヤの実用化に成功したのは１８８８年。さらに、ミシュランの創業者であるミシュラン兄弟が、自動車の空気入りタイヤを初めて実用化したのは１８９５年のことです。

その後、ミシュランが「ラジアルタイヤ」を開発したり、タイヤに「スチールコード」を埋め込む技術革新を起こしたりといったイノベーションはありましたが、19世紀末に空気入りタイヤが実用化されて以降、現在に至るまでタイヤのコンセプトそのものにはほとんど変化がなかったのです。

しかし、この状態がいつまでも続くとは思えません。現代においては、あらゆる領域で技術革新が急ピッチで進んでおり、さまざまなモノが物理的な変化を遂げています。

タイヤがその例外であるはずがありません。いつか必ず、これまでのタイヤのコンセプトを完全に覆すような技術革新が行われるに違いない。そして、もしもそのイノベーションを他社が成し遂げたら、どうなるか？

ブリヂストンが世界中に営々と築き上げてきた、あらゆる生産設備がすべて使えなくなるでしょう。その瞬間、我が社はサドンデス（突然死）を迎えます。たとえ世界トップシェアを誇っていたとしても、いや、トップシェアを維持するために莫大な資産を抱えているからこそ、致命的な痛手を被ることになるわけです。

そこで、私は、新設した「中央研究所」に多額の研究費をつけるとともに、天然ゴムの遺伝子をすべて解析するなど、「そもそも天然ゴムとは何か？」といった基礎研究を徹底的に掘り下げるよう指示を与えました。

そして、ゴムの木は通常植えてから7年たたないと収穫できないのですが、早く育つゴムの苗をつくると、どういうことが起きるのかという研究や、数百年ほど変化のない天然ゴムの生成法を刷新する研究に着手しました。

また、アメリカにある合成ゴムの研究所を強化したほか、アメリカ南西部からメキシコ北部にかけての乾燥地帯が原産の植物グアユールから天然ゴムを生成する研究も、アリゾナに研究所と実験農場を設置して進めていったのです。

基礎研究こそが「競争力」の源泉である

こうした基礎研究が、具体的な「果実」に結実するのがいつのことになるのかは誰にもわかりません。

しかし、こうした基礎研究を深めることでしか、タイヤのコンセプトを変えるほどのイノベーションは起きないと私は思います。また、そうしたイノベーションをめざすプロセスにおいて、ミシュランが実用化に成功した「ラジアルタイヤ」や「スチールコード」といった発明も生み出されたのだろうと考えられます。

あるいは、この基礎研究によって、これまで誰も思いつかなかった、「ゴム（高分子ポリマー）」の新たな活用法が見つかるかもしれません。そして、そのような発見が、いずれ企業の危機を救ってくれることも十分にありうるわけです。

よく知られているのが、富士フイルムです。

すでに述べたように、デジタルカメラの台頭によって、フィルムの需要が激減したことで、コダックは倒産するに至りましたが、富士フイルムはその危機を見事に乗り切ってみせました。

なぜなら、富士フイルムは、コダックとは異なり、長年にわたって新規事業に対して大きな投資を続けてきたからです。特に有名なのが「製薬」です。フィルムの技術の根幹は「粉」にあり、その「粉」を深く研究することによって、「製薬」に応用できる技術の開発に成功。フィルムの需要が激減したときに、それを代替する事業として、「製薬」が大きな収益をもたらしたのです。

最終的に問われるのは、経営者の「覚悟」である

もちろん、基礎研究は「千三つ」どころか「万三つ」の世界であるうえに、基礎研究でイノベーティブな発見があったからといって、すぐに製品化して、キャッシュに変えられるわけでもありません。

それだけに、私がＣＥＯとして基礎研究投資を強化する方針を打ち出したときには、「キャッシュに遠い基礎研究ではなく、Ｒ＆Ｄへの投入コストを効率よく回収できる応用研究を重視すべきではないか」といった慎重論が社内外から寄せられました。

しかし、これまで述べて来たように、企業の長期的な生存戦略のためには「基礎研究」投資が絶対不可欠。

たしかに、「基礎研究」に投資すれば、必ずイノベーションを起こせるわけではありませんが、その投資なくして、イノベーションが起きることは１００％ありません。

それは、私の目には、「座して死を待つ」ことのように思えるのです。

だから、経営者に求められるのは、投資家をはじめとするステークホルダーに適切な「利益還元」をしながらも、新規事業に対して積極的な投資をするという意思決定をし、その正当性を社内外に説明する責任を果たすことだと思います。

ただし、イノベーションの成功確率を合理的に算定することは不可能ですから、必然的に「投資額の妥当性」を完全に説明することはできません。

ですから、できる限り合理的な投資金額の水準を示す努力は不可欠ですが、最終的には「経営意思」の問題であり、その「結果責任」を背負う「覚悟」を固めることこそが、経営者が果たすべき本質的な役割ということになるわけです。

第2章 人材こそ最大の「資産」である

人材管理

5

「社員のモチベーションを上げる」などと思い上がってはいけない。

「モチベーション」のパラドックスとは？

従業員のモチベーション（意欲）を高める——。

これは、経営においてきわめて重要なテーマです。

経営とは、ヒト・モノ・カネなどのリソースを上手に活用することで、世の中に「価値」を継続的に提供することですが、すべてのリソースのなかで最も重要なのはヒト（従業員）です。モノやカネを動かして成果を出すのは従業員なのですから、それは当然のことでしょう。

そして、従業員のパフォーマンスを決定づけるのは、仕事に対するモチベーションにほかなりません。高いパフォーマンスを上げるには能力も必要ですが、どんなに能力があっても、モチベーションが低ければ、たいした成果を上げることはできません。

逆に、現時点においては能力が低くても、モチベーションさえ高ければ、積極的に仕事に取り組むなかで、自然と能力は磨かれていきます。ですから、根本的に重要なのは、能力ではなくモチベーションだと思うのです。

ところが、ここにはパラドックスがあります。

というのは、モチベーションの源泉は、一人ひとりの従業員の内面にしかないからです。従業員のモチベーションを刺激するために、経営側が適切に働きかけることは大切なことですが、最終的には、本人が「その気」にならなければどうにもならない。結局のところ、モチベーションを高めるか否かは、どこまで行っても本人次第だと思うのです。

だから私は、「経営側が〝これ〟をすれば、従業員のモチベーションは上がる」などという〝決定打〟はないと考えています。そんなことができると考えること自体、経営者の思い上がりのように思えてならないのです。

「競争原理」がもたらす重大なリスク

特に、私が違和感をもっているのが、今世紀に入った頃から広がった、人材管理への「競争原理」や「インセンティブ・システム」の導入です。

もちろん、「仕事の結果」に応じて処遇にメリハリをつけることで、従業員のモチベーションを刺激する効果があることを否定するつもりはありません。他者との競争・比較にさらされれば、「頑張らなければ」という気持ちになるでしょうし、「結果が出たら、たくさんお金がもらえる」という期待を原動力に頑張る人もいるでしょう。

しかし、その効果がどれほどのものか、私には疑問なのです。

なかには、競争心が旺盛で、「同僚に勝つ」ために頑張り続ける人もいるかもしれませんが、かなり少数派ではないかと思います。

ほとんどの人はそこまで「勝つ」ことに執着していないし、ことさらに「競争」を煽られることに辟易《へきえき》する人のほうが多いのではないでしょうか。実際、私はさまざまな国で、周りの仲間との「競争」に勝つことで、仲間より「よい処遇」を受けるなどということは望まない人々と出会ってきました。

あるいは、「インセンティブ・システム」と言うと格好いいですが、要するに「鼻先にぶらさげられたニンジンを追いかけるロバ」と変わらないわけで、その「ニンジン」に飽きてしまったり、諦めてしまったりすれば、効果は激減するはずです。

もしかすると、〝ロバ扱い〟をする経営に対して、不信感を抱いたり、興醒《きょうざ》めする従業員も現れるかもしれません。

そもそも、「競争原理」や「インセンティブ・システム」は、仕事において本質的なことではありません。

仕事において最も重要なのは、一人ひとりの内面において、「この仕事は面白い！」「この仕事には値打ちがある！」「この仕事を成功させたい！」という思いが芽生えることです。人間は誰でも、そのような思いが芽生えれば、たとえ困難な仕事であったとしても、それをなんとしても成し遂げようと、高いモチベーションで仕事に取り組むようになるのです。

これこそがモチベーションの本質なのであって、「競争に勝つために頑張る」とか、「インセンティブをもらうために頑張る」などというのは、この観点から見れば、「ノイズ（雑音）」のようなものだとさえ言えるのです。

経営が「社員の心の中」に手を突っ込むことはできない

ただし、すでに書いたように、「この仕事を成功させたい！」という思いが芽生えるかどうかは、最終的には本人次第。経営側が従業員の心の中に手を突っ込んで、そういう「思い」を無理やり植え付けることなど原理的に不可能です。

では、経営者はどうすればいいのか？

私にも確たることが言えるわけではありませんが、これまでさまざまな経験を重ねるなかで、経営者が絶対に押さえておくべきポイントが少なくとも二つあると考えています。

ひとつは、経営者自身が「この仕事（事業）には価値がある！」と本気で思っていること。もうひとつが、従業員一人ひとりの「自主性」「自発性」を尊重するということ。この二つのポイントを押さえておくことが、従業員が仕事に対するモチベーションを上げる基本条件ではないかと思うのです。

具体的に説明しましょう。

私は若い頃から、「こんなプロジェクトを実現したい」と大小さまざまな新規事業を提案してきました。社内を駆けずり回ってなんとか「GOサイン」を取り付けると、さまざまな部署から人材を出してもらって、プロジェクト・チームを組成《そせい》することになります。

ただ、こういうときに、いわゆるエース級の人材がエントリーされることはまずありません。たいていの場合、性格がキツかったり、クセが強いといった理由で、その部署なかで〝干されていた人物〟が回されてくるわけです。

もちろん、そういう人物のモチベーションは極めて低いのが現実。長年にわたって干されてきたうえに、〝お払い箱〟にされたと感じているはずですから、それも当然のことでしょう。

「やる気」を失っていた社員の表情が変わる瞬間

しかし、私は、彼らと一緒に仕事をするのが苦ではありませんでした。

正直に白状すれば、なかには「ちょっとやりにくいな……」と思った人物もいたのは事実ですが、「この部下は気に入らないから、取り換えてほしい」と言っても、組織に聞き入れてもらえるわけではありません。

それよりも、与えられたメンバーでプロジェクトを成功させるのが、私に課せられた仕事ですから、「好き嫌い」という感情は放っておいて、すべての部下に最大限の力を発揮してもらうのが正解。だから、私は、部下との相性には頓着《とんちゃく》せず、彼らに力を発揮してもらうことに集中しました。

と言っても、たいしたことをやったわけではありません。

たとえば、タイ・ブリヂストンのCEO（本社の職位としては部長級）だったときに、本社の反対を押し切る形で、第二工場の建設を進めたときのお話しをしましょう。
あのとき、本社から、工場建設の経験が豊富な複数の人物が送り込まれてきたのですが、中には性格がキツいといった理由で本社では干されていたような人もいました。その人は、ついにタイに放り出されたと感じたのか、当初は不貞腐《ふてくさ》れたような態度すら見せていました。

しかし、僕が、「世界のモデルとなるような工場をつくりたいんだ」「機能的かつデザイン性にも富んだ、みんなの誇りになるようなすごい工場をつくろうじゃないか」「自動車メーカーなどの取引先が、びっくりするくらいの工場にしたいね」「そんな立派な工場が作れたら、きっとビジネスも大きくなるよ」などと語りかけると、彼の表情は明らかに変わりました。

僕自身、本社のさまざまな部門からさんざん叩かれて、やっと取締役会の承認を取り付けたプロジェクトでしたから、非常に強い思いがありました。その気持ちを率直に伝えることで、何か彼の気持ちにも訴えるものがあったのではないかと思います。

重要な仕事を「任される」から、モチベーションは上がる

しかも、彼の話にじっくりと耳を傾けると、工場建設に関する知識と経験が半端ではなく深いことがよくわかりました。

彼なりのこだわりが強く、そのこだわりを強く主張するがゆえに、敵を増やしてしまったようでしたが、そのこだわりの裏には、極めて説得力のある「深い理由」があることもよくわかりました。

そこで、私は、彼の力を信じて、建屋《たてや》の建設については基本的にすべてを任せることにしました。もちろん、何かを決定するときには、必ず事前に報告・相談してもらうことにしましたが、予算や工期などの制約に引っかからない限りは、彼の提案を極力尊重するようにしたのです。

最初は、彼も疑心暗鬼でした。

私が「全部、任せますね」と言うと、「え？（嘘でしょ？）」とあっけに取られたような表情を浮かべていました。それまでの部署で、彼は「小さな仕事」しか任されないうえに、マイクロマネジメントの対象になっており、彼がやろうとすることにはいちいち横槍《よこやり》が入って潰されてきたからだと思います。

しかし、その後、私が本当に彼の判断を尊重し、彼の仕事をサポートする姿勢に徹することで、彼はどんどん変わっていきました。

不貞腐れたような態度は消え去り、イキイキとし始めたのです。工期との兼ね合いで激務を余儀なくされた時期もありましたが、彼は脇目も振らず全力を尽くしてくれました。

あとで聞いたら、あまりにも重責を任されていたので、「絶対に失敗できない」というプレッシャーがすごかったようですが、「今思えば、それが楽しかったですね」とニッコリ笑っていました。

これは彼だけではありません。

タイの第二工場建設プロジェクトのメンバー全員が、モチベーション高く仕事に取り組んでくれたおかげで、素晴らしい工場が完成。提案段階ではさんざん私を叩きまくった本社の役員たちの多くが絶賛してくれたほか、自動車メーカーをはじめとする取引先からも高い評価をいただき、従業員の誇りともなりました。私にとって、とてもいい思い出となっているのです。

〝火の粉〟をかぶる覚悟が経営者にあるか？

私は、このような経験をたくさんしてきました。

そして、先ほどの彼のように、「自分は価値のある仕事をフルに任されている」という確信をもってくれれば、誰でも例外なく、ものすごく頑張ってくれて、確実に結果を出してくれるということを身をもって学んできました。

これは、世界中どこでも通用する「原理原則」です。

私は、タイ、中近東、ヨーロッパ、アメリカ、中国など世界中でプロジェクトを手掛けてきましたが、人種、民族、宗教にかかわりなく、あらゆる人が「自分は価値のある仕事をフルに任されている」と確信したときには、どんなにモチベーションが枯《こ》渇《かつ》していた人物であったとしても、見違えるように頑張ってくれたのです。

当然のことではないでしょうか？

私たち人間は、「その仕事に価値がある」と思うからこそ、「その仕事を成功させたい！」という思いが芽生えるのです。

だから、経営者が従業員のモチベーションを高めたいならば、なにはさておき、自分自身が心の底から「この仕事（事業）には価値がある」「この仕事（事業）をなんとしても成功させたい」と思っていなければならないし、その「思い」を従業員の心に届けなければなりません。

それに、従業員のことを信用することができずに、彼らのやることに難癖をつけているようでは、モチベーションを上げてくれるわけがありません。

人間というものは、「自主性」「自発性」を尊重されたときに、自分のやっている仕事に対する「誇り」や「責任」をもつのです。だから、経営者（リーダー）は、一人ひとりの能力・適性を見極めたうえで、それぞれにふさわしい仕事を思い切って任せたほうがいい。

もちろん、彼らが困ったときにはサポートできるように見守ったり、万一失敗したときには全力でフォローしたり、自らが〝火の粉〟をかぶるのが大前提ですが、彼らのやることにいちいち手出し口出しをするのではなく、「従業員を信じて、仕事を任せる」という勇気をもたなければいけないと思うのです。

「臆病な目」で自分自身を振り返る

つまり、ここで問われているのは「経営者のありよう」だということです。

経営者自らが、「仕事」に本気で思いを込めているか？

本気で従業員を信じて、仕事を任せられているか？

いざというときに〝火の粉〟をかぶる覚悟はあるか？

経営者がこうした姿勢を堅持できているときに初めて、従業員の内面に「この仕事には値打ちがある！」「この仕事をなんとしても成功させたい！」という思いが芽生えるのだと思うのです。

だから、私はこう考えています。

従業員のモチベーションを高めようと思うならば、従業員に何かを働きかける前に、まず経営者自身が、「自らのありよう」をしっかりと見つめ直したほうがいい、と。

このプロセスを踏まないまま、従業員の心の中に手を突っ込むようなことをしても、まずうまくいくことはないでしょう。いや、場合によっては、たいへん危機的な状況にすら陥りかねないと思います。

想像してみてください。経営者が、黒字化のために経費削減ばかり押し付けるうえに、現場を事細かに管理していちいち難癖をつけていたら、誰だって嫌気がさすでしょうし、職場の生産性が上がるはずもないでしょう。

そのような状況のなか、業績が上がらないことに業を煮やした経営者が、従業員のモチベーションを上げることを目的に、「競争原理」や「インセンティブ・システム」を導入したら、何が起きるでしょうか？　言うまでもなく、従業員は白けるばかりで、殺伐とした雰囲気すら生まれかねないでしょう。

まさに悪循環。実に恐ろしいことだと思います。このような過ちを犯す最大の要因は、従業員のモチベーション低下を「従業員の問題」と決めつけていることにあると私は思います。だからこそ、「競争原理」や「インセンティブ・システム」などで、従業員の意識や行動を変えようと試みるのです。

しかし、そもそも経営者のスタンスが間違っていれば、そうしたすべての試みは「逆効果」に終わる運命にあります。

だから、従業員のモチベーションを上げたいと願うのならば、従業員に何かを押し付ける前に、経営者自身が、「自分は仕事（事業）に本当に思いを込められているか？」「自分は従業員を信じているだろうか？」と臆病な目で見つめ直したほうがいい。それこそが、従業員のモチベーションを上げるために、絶対に欠かせない第一歩だと思うのです。

昇進昇格

6

「曲がった木」を柱に使ってはならない。

「レッテル貼り」で人材を殺してはいけない

安易な「レッテル貼り」をしてはいけない――。

私は、ずっとそう思ってきました。

職場ではしばしば、性格的な偏《かたよ》りのあるような人物に対して、「あいつは扱いづらい」「あいつは面倒くさい」といったネガティブなレッテル貼りをして、その人物を疎外《そがい》するようなことが起きますが、そのようなことは厳に慎むべきだと思ってきたのです。

そもそも、そんな「いじめ」のようなことをするのが嫌いでしたし、そうやって「人材を殺す」ようなことをするのは組織のためにもなりません。「人を活かす」のが経営なのですから、それに逆行するようなことをすべきではないと思うのです。

とはいえ、私はただの凡人です。

「好き嫌い」の感情から自由になることはできません。

正直に白状すると、尖《とが》った性格の部下に対して「相性が悪いな……」と思ったことは何度かありました。

だけど、その「感情」に囚われていても何も生み出すことはできない。それよりも、ビジネスにおいては、「合目的的」であることが重要だと考えました。つまり、自分の感情は放っておいて、その部下の力を最大限に引き出すなど、部署としての成果に繋げるという目的に合った行動に徹するべきだと考えたのです。

そもそも、会社というものはゲマインシャフト（家族や村落など感情的な結びつきを基盤にした集団）ではなく、ゲゼルシャフト（目的達成のために作為的につくり上げた集団）です。

もともと感情的な結びつきをベースに集まった集団ではないのですから、そのような場所で「好き嫌い」を表に出すこと自体がふさわしくありません。ですから、性格的な相性にこだわらず、すべての部下とフラットに付き合うことで、チームワークを生み出したほうが得策だと割り切ったわけです。

「尖った性格」だから、「尖った能力」をもっている

たとえば、かつて一緒に仕事をした財務担当者に、強烈な個性の持ち主がいました。非常に優秀な財務マンで、財務諸表から読み取れる「経営リスク」の報告などをお願いすると、非常に鋭い指摘をしてくれるのですが、その指摘をすることで、周りの人間がどう思うかなど一切考慮しません。

「問題がある」と認識したら、上司であろうが、先輩であろうが、他部署であろうが、遠慮なくめった切りにしてしまう。問題を指摘された部署が「ふざけるな！」と怒鳴り込んできても、一歩も引かず返り討ちにしてしまうのです。

これには正直、面くらいました。

そんな調子だから、周りは敵だらけ。「トラブルメーカー」というレッテルを貼られて、周囲から完全に浮き上がっていましたし、私も「これはやりにくいな……」と

思わずにはいられませんでした。

だけど、彼の指摘を丹念《たんねん》に分析すると、非常に的を射ていることがわかりました。もちろん、彼はあくまで財務担当ですから、数字を分析しているにすぎず、問題を指摘された部署が、現場ならではのいかんともしがたい事情に悩まされていることまでは知り得ません。だから、そこに彼の仕事の限界があるのは事実ではあります。


しかし、一方で、私はこう思いました。

彼は、ああいう尖った性格だからこそ、一切の忖度《そんたく》なく本質を突いた指摘ができるんだ。だから、彼の尖った性格を否定するのではなく、彼の尖った能力を活かさなければならない、と。

穏当な性格の人であれば、他部署を無用に刺激しないために、問題を丸めて報告することが多いと思いますが、それゆえに、重要な問題が可視化されないまま放置されるリスクがあります。その意味では、彼の尖った能力を活かすことは、組織を預かるマネージャーの重要な任務だと考えたのです。

「尖った能力」こそが、「組織力」を決定づける

こういうときに重要なのは「対話」です。

財務担当の尖った指摘を関係者全員で共有したうえで、それに反発をする現場のいかんともしがたい事情にもじっくりと耳を傾ける。そして、指摘された問題をクリアするために、現場をサポートする方策をみんなで考える。そのような「対話」が成立するように、マネージャーである私は粘り強く関係者の声に耳を傾けました。

すると、多少の時間はかかりますが、財務担当者は現場の事情を理解するようになりますし、現場も指摘された問題を解決しようと動き出します。双方の対立関係が徐々に緩和され、協力して組織目標を達成しようとする機運が生まれるのです。

こうした状況を生み出すことができれば、尖った性格の財務担当者も、徐々に組織のなかで機能し始め、成果も上げてくれるようになります。

そうなると、そんな彼に対してこちらも自然と「好感」をもつようになりますし、相手もこちらに対して「信頼」を寄せてくれるようになります。このように、「好き嫌い」の感情に振り回されるのではなく、組織として成果を出すために「合目的的」に対処することで、それなりの人間関係が生まれ、職場のチームワークも醸成されるのです。

私は、このような経験をたくさんしてきました。

そして、バランスのとれた性格の人材も大切ですが、尖った性格ゆえに尖った能力をもつ人材も大切だと確信するようになりました。

いや、それこそが組織力を決定づけるとすら思います。どんな組織でもバランスのとれた性格の人材は重宝されますから、ここで組織力にあまり差はつかないはずです。それよりも、尖った能力をもつ尖った性格の人材を、活かすことができるか、殺してしまうかで、組織力に大きな差がつくと思うのです。

だから、経営者は恐れたほうがいい。

人間には誰にも「好き嫌い」の感情がありますから、尖った性格の人材は職場で疎《うと》まれやすいのが現実です。そして、しばしば組織のなかでネガティブなレッテルを貼られ、疎外されることによって、彼らがもっている尖った能力が殺されてしまうおそれがあるのです。

そのようなリスクを避けるためには、経営者自らが「好き嫌い」の感情から距離をとり、「合目的的」であることに徹するとともに、職場でのレッテル貼りを真《ま》に受けることは厳に慎むべきだと思います。

近年、ダイバーシティ経営（多様な人材を活かす経営）が推奨《すいしょう》されていますが、私は、疎外されやすい尖った才能を活かすことこそが、ダイバーシティ経営の最も重要なポイントであると思っています。

組織人として「絶対に外せないこと」とは？

このように、私は、人それぞれの「性格」を尊重することで、その人固有の「能力」を発揮してもらうのが経営の原理原則だと考えています。

性格は百人百様。「几帳面な人」もいれば「おおざっぱな人」もいます。「陰性な人」もいれば「陽性な人」もいます。「内向的な人」もいれば「外向的な人」もいます。

そして、こうした性格に極端なところがあると、周囲との軋轢《あつれき》を生み出すことがありますが、経営としては、軋轢を起こした性格をもつ人材を疎外するのではなく、最大限に活かす工夫をすべきだと思います。多様な性格に裏付けられた、多様な能力・才能をうまく組み合わせることこそが、卓越したマネジメントなのです。

ただし、どうしても外してはいけないことがあります。

それは、「誠実さ」です。ここで言う「誠実さ」という言葉は、「職務に忠実である」といった意味合いで使っています。言い方を換えれば、「私的利益を追い求めるのではなく、どこまでも組織目標を達成することに徹する」といった意味合いです。

この「誠実さ」さえ備えていれば、どんなに尖った性格の人物であっても、必ず組織にとって有益な働きをしてくれると、私は思っています。

先ほどの財務担当者もそうでした。彼は、「周囲の人に対する共感性が低い」傾向が顕著で、軋轢を起こしやすい性格ではありましたが、彼の言動の根底には「組織にとって正しいことを成したい」という信念がありました。

だからこそ、彼は忖度なく「鋭い指摘」をすることで、関係部署との軋轢を生み出しましたが、マネージャーである私が介入することで、「何が組織にとって正しいのか？」という共通の物差しを軸に、対立した部署との間で建設的な対話をすることができるようになったのです。

最後の最後は「これ」で決まる

ところが、なかには、このような「誠実さ」に欠けた人物がいるのも現実です。

もちろん、そういう人物に対しても、いたずらにネガティブなレッテルを貼って、能力を発揮する機会を奪うようなことをすべきではありません。

たとえ「誠実さ」に欠けた人材であったとしても、マネージャーがその欠点をカバーすることで、その人材をできる限り活かすことを原則とすべきだと思います。そして、その人なりの能力を発揮して実績を上げた場合には、しかるべき職位に引き上げることも、公平性の観点から重要なことでしょう。

ただし、それには限界があります。

端的に言えば、人事権が付与されるほどの職位にまで引き上げてはならないと思うのです。なぜなら、「誠実さに欠ける人物」が、人事権という強力な武器を手にするのは極めて危険だからです。

すでに述べたように、私が言う「誠実さ」とは、「私的利益を追い求めるのではなく、どこまでも組織目標を達成することに徹する」ことです。つまり、「誠実さに欠ける人物」が人事権をもつと、その武器を「私的利益」を守るために使い始める可能性が極めて高いのです。

たとえば、自分の立場が悪くなるような案件が生じたときに、それを経営トップの耳に入らないように画策したりすることがあります。

それだけでも、経営にとっては非常に危険なことですが、さらに問題なのは、そのような姿勢を批判する部下を、人事権を背景に黙らせたり、実際に人事的な制裁を加えたりすることです。

こうした行動は、組織に取り返しのつかないダメージを与えます。現場との信頼関係を根本から損ねてしまい、その人物の担当する組織を回復不能なまでに歪めてしまうからです。このようなリスクが存在することを、任命権者たる経営者は強く認識しておく必要があると思います。

注意が必要なのは、そのような職位につくまでは、彼らも「私的利益」を露骨に追求するようなそぶりを見せないことです。

しかし、人間というものは、立場が上がり、権力を手にすると、往々にしてわがままになり、それまで抑えてきた本性が出てくるようになります。そして、人事権の濫用といった問題行動を起こし始めるのです。

組織は「人事」で決まります。

そして、誰を昇進昇格させるかの判断基準には多様な物差しがあります。能力的には、閃き力、論理的解析力、実行力などが重視されるかと思いますが、最後の最後は「誠実か否か」、その一点に集約されると私は考えています。「曲がった木」を、家の柱に使ってはならないのです。

戦闘力

優れた経営者は、「尖った人材」を束ねる。

7

「ジョブ型雇用」と「メンバーシップ型雇用」

近年、日本企業で「ジョブ型雇用」を採用する企業が増えているようです。

ご存知のとおり、「ジョブ型雇用」は欧米型の雇用システムとされており、企業は経営戦略に合わせて個々のジョブ（職務内容）を規定して、そのジョブに適したスキルや経験をもつ人材を採用するというものです。

個人にとっては、自分が希望するジョブを選択することができるし、よりよい条件を提示する企業への転職も容易になるというメリットがありますが、一方で、所属する会社において、事業部解体などでそのジョブ（ポジション）がなくなれば、「解雇」されるというドライな側面も指摘されています。

一方、従来の日本型経営は「メンバーシップ型雇用」と言われます。

これは、ジョブ（職務内容・職種）を限定せず、会社主導で職務経験を積ませる雇用システムとされており、新卒一括採用で入社した人材を、長期的に雇用することを前提としているとされています。

個人にとっては、会社都合で解雇されるおそれは少ないというメリットがある一方で、自分が望まないジョブを強制されるというデメリットがあるうえに、会社主導のジョブローテーションによって、人材市場で優位に立てるほどのスキル・経験を身につけることができないリスクもあると言えるかもしれません。

さて、どちらの雇用システムが優れているのでしょうか？

もちろん、経営学者でもない私に、その詳細を論じる能力はありません。

ただ、ブリヂストンというグローバル企業で、さまざまな国・地域の従業員たちと一緒に仕事をしてきた経験から、私なりに考えていることをお伝えしようと思います。

あくまで、経験的に学んだこと、気づいたことにすぎないという前提で、私の話に付き合っていただければと思います。

若いうちは「自分の適性」はわからない

まず思うのは、新卒の段階で「ジョブ型雇用」を採用することに対する違和感です。なぜなら、世の中で仕事をするという経験の乏しい、20代前半くらいの年代で、「自分に適した仕事」「自分がやりたい仕事」が明確になっている人はほとんどいないと思うからです。にもかかわらず、「ジョブ型雇用」というコンセプトにあてはめるために、無理やり若者に「ジョブ」を決めさせるのは、かなり無理があるという気がしてなりません。

私自身がそうでした。

私はもともと引っ込み思案で、人付き合いも得意ではない性格。大学では美術部に所属して、黙々と油絵を描くのが好きなおとなしい学生でした。

本当は絵画にかかわる仕事に就きたかったのですが、それも難しかったため、いわゆる〝普通の会社〟への就職をめざしました。そして、「ブリヂストン美術館（現・アーティゾン美術館）」があるような会社だから、きっと〝文化的な会社〟に違いないと思い込んで、タイヤには一切関心ありませんでしたが、ブリヂストンタイヤに入社したのです。

実際に入社すると、すぐに後悔しました。

文化や芸術の繊細な世界とはかけ離れた、荒々しい職場だったからです。野武士《のぶし》のような先輩が闊歩《かっぽ》する社内で、痩せてひょろひょろだった私は身も細る思いでした。

しかも、入社2年目にタイ・ブリヂストンに赴任。右も左もわからないまま、現地採用の荒くれ者のクーリー（苦力）たちの反発にもみくちゃにされ、上司に相談しても「それはお前の仕事だろう」と突き放されたときには、「もう会社を辞めたい」と思い詰めたりもしました。

ところが、そこでクーリーたちと必死に向き合って、問題を乗り越えることに成功すると、「仕事の面白さ」「仕事のやりがい」を体感。その後、工場における製造管理・倉庫管理・労務管理や営業などの専門性を磨きながら、「どうせやるなら、面白い仕事がしたい」という思いを胸に、自ら「言い出しっぺ」になって新しいプロジェクトにチャレンジするようになりました。

そうした新規プロジェクトを成功に導くためには、社内外の関係者や工程全体のことを視野に入れて、複雑な調整を図りながら物事を進める能力を磨く必要があります。

その結果、知らず知らずのうちに、私なりに「経営視点」を身につけることができたように思うのです。

人は経験を通じて「自分」を知る

もちろん、これは私の個人的な体験であり、過度に一般化することには慎重にならなければならないでしょう。

それに、若い頃から、自分の能力・適性をしっかりとつかんでいて、一直線にプロフェッショナルとして活躍するような「天才肌」の人物がいるのも事実です。しかし、そういう人はほんの一握りにすぎません。

私がこれまで見てきたほとんどの人は、なんらかの縁で入社した会社で、さまざまな仕事を与えられ、それと悪戦苦闘するなかで、「自分の適性」や「自分の能力」「自分のやりたいこと」を把握していったのだと思います。人間とはそもそもそういう存在だという気がするのです。

だから、私は、まだ経験の少ない若者に「ジョブ型雇用」を強いることには慎重であるべきだという考えです。

もちろん、若者のなかには「ジョブ型」の志向性を強くもち、「自分が希望する職種に就けないならば、転職します」という考えの人もいるので、従来型の「メンバーシップ型雇用」が嫌われる側面があることは理解しています。

しかし、若い頃に「自分はこの仕事に能力があるはず」「自分はこの仕事がしたい」という仕事につけたとしても、その仕事で結果を出せず、その後のキャリアの可能性が狭くなるリスクがあるのが現実です。そのときに彼らが受けるダメージの大きさを思うと、私は慎重にならざるをえないのです。

「ジョブ型雇用」が組織を壊す?

もうひとつ指摘しておきたいことがあります。

それは、会社が「ジョブ」を規定することによって、従業員たちの「思考」まで固定化してしまうリスクの存在です。

たとえば、みなさんも経験があると思うのですが、会社で仕事をしていると、それぞれの部署、それぞれの担当者の「守備範囲」の間に落ちた仕事を、誰が拾うのかという問題が発生することがあります。

こういうときに、「メンバーシップ型」の会社であれば、全員が「会社のために貢献しよう」という意識で働いているため、お互いに話し合って、臨機応変に対応するのが比較的容易だと思います。

ところが、「ジョブ型」の会社の場合には、下手をすると、「その仕事は、ジョブに規定されていない」という理由で、誰も〝落ちた仕事〟を拾おうとしないおそれが高まるのではないでしょうか。

つまり、「メンバーシップ型」の場合には、組織がアメーバのように臨機応変に変化して、〝落ちた仕事〟を吸収していくけれども、「ジョブ型」の場合には、「役割」

が固定化してしまうために、「組織のフレキシビリティ」が損なわれるおそれがあるのです。

あるいは、さらに極端なことを言えば、「ジョブ型雇用」システムを徹底すると、自分の「ジョブさえこなせばよい」という意識が支配的になる結果、それぞれの部署・担当者が「蛸壺化《たこつぼ》」するリスクもあるでしょう。

比喩的に言えば、会社の仕事を個別の「ジョブ」に切り分けることによって、会社全体が「生命体」として機能するうえで欠かせない「有機性」が損なわれる可能性があるということです。これは、「ジョブ型雇用」を採用する際には、経営的に十分に注意を払うべき問題だと思います。

「戦闘力」の高い人材とは？

ただし、私は、ヨーロッパなどで経営をしたときに、「ジョブ型雇用」がもたらすと思われる非常に重要なメリットも認識しています。ここに、欧米の従業員と、日本人従業員との明確な違いがあるとすら思っているのです。

たとえば、従業員に対して、ある課題についてのレポートを提出するように求めたとしましょう。すると、欧米の従業員の多くは、財務なら財務、法務なら法務、技術なら技術、ＰＲならＰＲなど、それぞれがもつ専門性を突き詰めて、非常に尖ったレポートを作成します。

ただし、自分の得意分野についてはきわめて深い検討を行うのですが、その他の領域のことについてはほとんど検討しません。そのため、「財務的にはそうだろうが、それでは法務的には問題がある」といった激論を引き起こすことが多いのです。その意味で、バランス感覚には欠けているきらいがあると言っていいでしょう。

一方、日本人の多くは、自分の得意分野だけではなく、隣接する領域のこともある程度カバーした内容のレポートを作成します。

社内の他部署のことにも目配りをしたバランスのとれた内容になっているので、無用な軋轢を起こすことはありませんが、残念ながら、得意分野の掘り下げは弱い。いわば、裾野は広いけれど、標高は低い山のようなレポートなのです。

そして、私が評価するのは欧米型のレポートです。

理由はシンプルで、専門性を極めた尖ったレポート（事業提案）のほうが、明らかに「戦闘力」が高いからです。つまり、実際に事業化したときに、他社との競争において優位に立てる可能性が高いということです。

私が思うに、この欧米人と日本人の特性の違いは、「ジョブ型」か「メンバーシップ型」かという雇用システムにあるとも言えますが、もっと言えば、それぞれの雇用システムの背景にある、歴史的に培われてきた「国民性」「企業文化」のようなものに根ざしているように思います。

つまり、「個」の確立を尊重する欧米型の文化と、「和」を尊重する日本型の文化の違いの現れではないかと思うのです。それだけに、これは一朝一夕にできることではありませんが、一般的な日本人が「欧米型レポート」が書けるような「能力」と「メンタリティ」を育てていく必要があると、私は思っています。

経営者に届く提案は、すべて「妥協の産物」である

ここまで述べてきたように、私は、二つの「雇用型」のどちらか択一ではなく、「メンバーシップ型雇用」の要素をベースにしながら、そこに「ジョブ型雇用」の要素をハイブリッドさせていくのが適切ではないかというイメージをもっています。

具体的な制度設計を論じる能力はありませんが、日本型文化に親和性があると思われる「メンバーシップ型雇用」のメリットを活かさない手はないでしょう。

特に、現在行われている新卒一括採用を今後も続けていくならば、「メンバーシップ型雇用」を手放すことにはかなりのリスクが伴うと考えておいたほうがいい。それよりも、若いうちはさまざまな仕事を協働で進める体験をすることで、「メンバーシップ感覚」を身につけながら、それぞれに「適性」のある仕事を見つけ出し、その「専門性」をとことん磨き上げてもらうのが適切だと思うのです。

そして、その後は、基本的に「ジョブ型雇用」に移行するわけですが、当初は、か

なりの反発が伴うかもしれません。そこで、「メンバーシップ型雇用」を希望する者はそれを選択することができるようにしたり、「ジョブ型雇用」への移行に時間的猶予を与えるといった仕組みを開発できれば、社会的合意を得られる可能性があるのではないかという気がします。

経営者が「丸まった提案」を尖らせる

ともあれ、日本では、「メンバーシップ型雇用」と「ジョブ型雇用」のいいところ取りをすることで、「組織のフレキシビリティ」と「高い戦闘力」を兼ね備えた雇用制度を生み出すことができるのではないかと思っています。

ただ、こうした制度設計も重要ですが、最終的に問われるのは経営者のマネジメント能力だと思います。ここでは、二点について指摘しておきたいと思います。

第一に、日本型組織においては、経営者に上ってくる提案はすべて「妥協の産物」であることを認識する必要があるということです。

すでに述べたように、日本人の多くは自らが立案した企画が、社内的な軋轢を生まないように配慮します。ある程度、「ジョブ型」人材が育ったとしても、このような傾向は拭いがたく残るはずです。

あるいは、起案者は尖った企画書をまとめたとしても、上層部や他部署との調整を重ねるうちに、尖っていた「角」が取れてしまい、「戦闘力」の低い〝丸まった企画〟へと変質してしまうことが非常に多いはずです。

経営者は、このメカニズムに敏感でなければなりません。

なかには、「たくさんの人間が長い時間をかけて検討して、この企画書に結実したのだろう」と、そのままハンコを押す人物もいますが、このような判断は論外です。そもそも、それでは経営者がいてもいなくても結論が変わらないわけで、経営者の存在意義がないと言わざるをえません。

だから、経営者は常に「手元に届いた企画書は〝妥協の産物〟である」と認識したうえで、「この企画が、本来もっていた価値を失っているかもしれない……」と不安を覚える必要があります。

そして、自ら企画書を読み込んで、その企画の「肝」が何なのかをつかみ取る。不明点や疑問点は関係者を呼んで確認する。こうしたプロセスを通して、その企画が「あるべきだった姿」を描き出す。必要であれば、「丸まってしまった部分」を、経営者の手で尖らせていくのです。

これは、実は経営者にしかできない仕事です。

なぜなら、企画を尖らせた結果、いくつかの部署から抵抗を受けたとしても、それを押し戻すことができるのは、最高権力者である経営者しかいないからです。「権力」とは本来、こういう局面でこそ使うべきものなのです。

そして、経営者が、たとえ社内に軋轢が生じたとしても、尖った「戦闘力」のある提案にこそ価値があると示すことには大きな意味があります。

社内に育ち始めた「ジョブ型人材」を勇気づけて、「社内の軋轢を恐れる必要はない。自分が本気で思っているアイデアをそのままの形で提案してもいいんだ！」と思ってもらうことができるからです。

優れた経営者は、「尖った人材」を束ねる

そして、第二に、「ジョブ型人材」が育ってくれば、確実に社内的な軋轢は増えるはずですから、それを乗り越えるだけの胆力とマネジメント力が、経営者には求められるということです。

そもそも、先ほど触れたように、欧米に多い「ジョブ型人材」は、自分の得意分野について深く掘り下げた尖った提案をしますが、その他の領域のことについてはほとんど検討しません。

ですから、たとえば、新しい商品企画をぶち上げた社員がいたとしたら、それに付随して、「予算措置」「マーケティング対応」「原材料の手配」などの対応策を、それぞれの担当者が練ることになります。

そして、それぞれの領域において、専門性を極めた「尖った提案」がされますから、

それを経営側が上手に束ねることができれば、極めて「戦闘力」の高いプロジェクトにすることができるわけです。

ただし、彼らの提案は、そもそも「組織内のバランス」というものを考慮に入れていないために、しばしば対立や軋轢を生み出します。

ここで問われるのは、その対立が「感情的」なものに発展したりすることによって、コミュニケーションが破綻《はたん》したり、組織内の融和《ゆうわ》が損なわれたりすることのないように、経営者が適切にマネジメントを行うことができるか否かという問題です。

これさえできれば、あらゆる対立や軋轢は、腹を割ったコミュニケーションにほかならず、「戦闘力の高いプロジェクト」に磨き上げるために不可欠なプロセスだということになるのです。

では、そのようなマネジメントをするためには何が必要なのか？

私が、思い浮かべるのは、伝説的なＦ１ドライバーであるミハエル・シューマッハです。私がＣＥＯを務めていたときにブリヂストンはＦ１から撤退したのですが、私自身は大のＦ１ファン。なかでも、シューマッハのドライビング・テクニックには惚れ込んでいました。

そして、これを役得というのでしょうが、ブリヂストン・ヨーロッパのＣＥＯだった頃、何度かシューマッハとともに時間を過ごす機会がありました。その姿を見て、ひとりの人間として背筋を正される思いがしました。彼がもしも会社をつくったら、非常に優れた経営者になったに違いないと確信したものです。

「激論」を交わしながら、高度な「チームワーク」を発揮する

彼は、非常に立派な人物でした。

明らかにマシンの不具合によって負けたときも、彼は一度もマシンのせいにしようとはしませんでした。

そして、最高のレースをして勝利を収めたあとには、他のレーサーがレース場を去ったあとも独《ひと》り残って、マシンについて１００％納得できるまで技術スタッフと議論

を重ねるとともに、レースでボロボロになったタイヤの状態を黙々とチェックし続けていました。

彼は、自分が思い描く「理想のドライビング」を実現するために、できうる限りの努力を怠りませんでした。そして、うまくいったときにはスタッフに感謝をし、うまくいかなかったときには、「誰か」のせいにするのではなく、常に「自分の問題」として改善を続けるような人物だったのです。

しかも、彼は常に仲間に対する敬意を忘れない人物でもありました。

いや、もっと正確に表現すれば、彼は「プロフェッショナリズム」に対して非常に強い敬意を払っていました。

おそらく、彼自身がドライビング・テクニックにおいて、プロフェッショナリズムを極め尽くしていたからでしょう。彼が「プロ」と認めた相手であれば、その人物が真っ向から対立する意見を述べても、その意見を尊重して受け止めたうえで、対話を続けながらお互いが納得しあえる「最適解」を追求しました。

そのような姿勢を貫いていたからこそ、彼が追い求める「理想のドライビング」にみんなが共感を寄せ、ときに激論を交わしながらも、きわめて高いモチベーションでチームワークを発揮していたのです。

「中途半端なジェネラリスト」は通用しない

これこそマネジメントの理想型ではないでしょうか？

最大のポイントは、シューマッハが思い描く「理想のドライビング（＝あるべき姿）」に、チームメンバー全員が強く共感していたことだと思います。

そして、シューマッハの「理想」が共感を集めた理由は、それがそもそも魅力的だったこともありますが、それ以上に、「うまくいかなかったときにも、〝誰か〟のせいにするのではなく、常に〝自分の問題〟として改善を続ける」とか、「メンバーに対する敬意を忘れず、お互いに納得しあえる〝最適解〟をとことん追求する」といった姿勢にメンバーが共感していたからだと思います。

さらに注目したいのは、「プロフェッショナリズム」の重要性です。

シューマッハは、自分自身がドライビングというプロフェッショナリズムを極めていたからこそ、メンバーそれぞれの専門領域におけるプロフェッショナリズムに深い敬意を払っていたのだと思います。

一方、それぞれに尖った能力をもつチームメンバーたちが、シューマッハに対して深い敬意をもったのは、彼が卓越した実績をもつドライビングのプロだったからにほかなりません。

つまり、「プロフェッショナリズム」というものを軸に、メンバー全員が結束したからこそ、「激論を交わしながらも、きわめて高いモチベーションを発揮する」という高度なマネジメントが実現したように思うのです。

もしも、そうだとするならば、企業において「ジョブ型人材」を育成して、そのメンバーを束ねるマネジメントを行うためには、なんらかの領域で「プロフェッショナリズム」を極めた、「ジョブ型人材」でなければ経営者となることはできないのかもしれません。

もちろん、単なる「ジョブ型人材」ではなく、組織全般を広く見渡すことのできる

「ジェネラリスト」の要素も兼ね備える必要はあります。しかし、シューマッハのように、「理想のドライビング」というビジョンを真剣に追求すれば、自然とレーシングチーム全体をいかにマネジメントすべきかという視点は養われるはずです。

むしろ、尖ったプロフェッショナリズムをもたない、今までありがちだった「中途半端なジェネラリスト」では、「ジョブ型人材」をまとめることはできない可能性のほうが高いでしょう。

あるいは、これからの企業は、卓越した「ジョブ型人材」を、「本物のジェネラリスト」に育て上げる経路を築き上げる必要があるのかもしれません。そのような組織的なチャレンジは、極めて有意義なものではないかと、私は考えています。

第3章
「権力」と「信頼」

権力

経営者を貶《おとし》める〝騙し絵〟に用心せよ。

8

組織に「権力」は必要不可欠である

組織には「権力」が不可欠です。

なぜなら、経営には、「この経営判断をすれば、必ず成功する」といった絶対的な「答え」がないからです。

もちろん、「経営判断」をするときには、客観的・科学的な基準に照らし合わせて、複数の選択肢のなかから、成功確率が高い選択肢を見極めるプロセスは非常に大切です。しかし、どんなに精緻《せいち》な検証を加えたとしても、「未来」のことは誰にもわかりませんから、それだけで決着することはほぼないと言っていいでしょう。最後の最後は「経営意思」によって方針を決定し、それを「正解」にすべく全社を挙げて努力を積み重ねることになります。そして、結果的に成功したときに、事後的に「それが、答えだった」とわかるのが、経営というものの本質なのです。

そして、なんらかの「経営判断」をするときに、社内が完全に一致するなどということはほぼ起こり得ません。社内政治的な要因、部署同士の立場の違い、経営と現場での認識の相違など、さまざまな「現実」を背景に、常に軋轢や対立が生じるのが組織というものなのです。

そして、丁寧なコミュニケーションを重ねることによって、社内の軋轢や対立を乗り越える努力は不可欠ですが、それには膨大な時間がかかりますし、たとえその時間をかけたとしても、100%の合意が実現するなど〝夢物語〟と言わざるを得ません。そのため、社内の軋轢や対立を制御して、人と組織を動かしていくためには、最終的にはどうしても「権力」が不可欠。特に、経営者にとって最大の権力である「人事権」を上手に使いながら、組織を望ましい方向に導く手腕が求められるのです。

「権力」をもった瞬間に、「危機」は忍び寄る

しかし、その難易度は非常に高いのが現実です。

少なくとも、「権力」を有する立場になったときには、「権力の扱いはきわめて難し

い」と、強く自分に言い聞かせる必要があると思います。なぜなら、「権力」というものは、いとも簡単に人間を〝愚か者〟に堕落させるものだからです。

もちろん、「権力」をもったことで、「自分はほかの奴らとは違う」「自分は社員たちの生殺与奪権をもつ存在だ」などと勘違いして、尊大な態度を取り始める〝愚か者〟もいますが、それが経営者として論外なのは言うまでもありません。そんな人間が、偉そうに部下を呼びつけては威張り散らす姿を見せられると、そのあまりの愚かさに怒りを覚えるとともに、その救いのなさに心底ウンザリとさせられます。

ましてや、人事権を振り回して、人や組織を無理やり動かそうとし始めると、あっという間に、「鬱屈した反発心」と「疑心暗鬼」が組織に渦巻くようになり、組織は機能不全へと陥ってしまうでしょう。たかが経営者になっただけで、そんな勘違いをする〝愚か者〟が、まともな経営などできるはずがないのです。

しかし、ここで私が問題にしたいのは、そういうことではありません。「権力」にまつわる、もっと微妙な問題を指摘しておきたいのです。

それは、特段、「権力」を行使しようとしていないときであっても、従業員（特に幹部たち）の目には経営者の背後に「権力」という武器が見えているということです。そして、その「権力」に危害を加えられないように、経営者の一挙手一投足から、その真意を読み取ろうとし、それに応えようとしてしまうのです。

場合によっては、それがエスカレートして、「何が正しいか？」よりも、「どうすれば権力者が喜ぶか？」ということを基準にして行動し始めることもあるでしょう。要するに「忖度」です。

その結果、経営者にとって「心地よい情報」だけが知らされて、本当のことが知らされない状況が生み出されてしまうのです。さらに、幹部がそのようなスタンスになることで、現場の従業員からの情報・意見などが軽視されたり、抑圧されたりすることにもなりかねません。

このように、単に「権力」をもつというただそれだけのことで、下手をすると「きわめて危険な状況」が、いとも簡単に出来上がってしまうのです。実に恐ろしいことだと思います。

「万能感」をもったら、経営者は終わり

これは、経営者にとっては、ある意味〝騙し絵〟のようなものです。

なぜなら、これは経営者本人の意図とはかかわりなく、「権力」に対する周囲の自然な反応がもたらす「歪み」だからです。

しかも、幹部たちも、あからさまに「忖度」しているようには見えないように細心の注意を払いますし、経営者本人も気づいていない心理的な癖を見抜いて、巧妙に経営者の歓心を買おうとする人物もいるでしょう。

こうした心理劇・心理戦は、きわめて巧妙に行われるのが常ですから、よほど用心深い経営者であっても、自分を取り巻く状況を正確に見極めることには困難が伴います。むしろ、「権力」という存在が自然につくりだす〝騙し絵〟を信じてしまうのが普通ではないかと思うのです。

そして、一旦、この〝騙し絵〟を信じると、その状況はどんどんエスカレートしていくことになるでしょう。

なぜなら、「忖度」されるのは心地いいからです。自分が「正しい」と思ったことに、労せずして周囲が賛同してくれるわけですから、心地いいに決まっています。しかし、この「心地よさ」が危ない。

自分が経営者として有能だから、何を言っても賛同されるのだという錯覚が生じるからです。この錯覚によって妙な「自信（万能感）」が生まれるがために、「自分の考え」を十分な検証もしないまま押し付けるようになり、幹部の多くがそれを唯々諾々《いいだくだく》と受け入れるような状況に徐々に陥ってしまうのです。

組織が決定的に「変質」する瞬間

さらに、そのような状況に危機感を抱き、経営者やその取り巻きが打ち出す方針を批判する一部の人たちが現れたときに、その批判を受け容れて議論を深めるという方向に動くことは極めて稀でしょう。

むしろ、〝主流派〟の幹部たちは、自分たちにとって都合のよい状況を壊されることを嫌って、経営者の方針をさらに持ち上げる方向に動くでしょうし、それでさらに「自信（万能感）」を深めた経営者は、最終的には「人事権」を使って反対派を排除したりすることにもなりかねません。

そして、一度でもこういう「人事権」の行使をしてしまうと、組織は決定的な変質を始めます。端的に言えば、「恐怖政治」の始まりです。

ここでも、経営者は〝騙し絵〟を見せられます。言うまでもありませんが、このような社内状況のなか、「あなたがやっているのは、恐怖政治です」などと進言してくれる奇特な人物はいません。それどころか、経営批判を行って「制裁」されるのを恐れる従業員たちは、文句も言わずに、黙々と激務に耐えようと努めるでしょう。

これを「社畜」などと蔑視したがる人がいますが、私は、それはモノの見方が浅くて、ひどく偏っていると思います。なぜなら、誰だって最終的には「食べるため」「給料をもらう」ために会社に勤めているからです。

特に、転職が難しい年齢で、家族を養っている中堅社員たちにとって、「制裁」を受けることはなんとしても避ける必要があります。そのため、理不尽な指示、納得のいかない指示に対しても、反論を飲み込み、ひたすら心身を消耗させながら、激務をいとわず業務に邁進せざるを得ないのです。

ところが、こうして水面化では、不幸かつ組織の生産性を損ねる事態が進行しているにもかかわらず、経営者の目には、全く違う景色が見えているはずです。「自分の経営手腕によって、全従業員が熱心に仕事に取り組んでいる」。そんな〝騙し絵〟を、ご満悦で眺めていることすらあり得るわけです。

自分は「未熟な存在」とわきまえる

このように、「権力」には、人と組織を狂わせる機能が内在しています。

私がこれまで見てきた経験から言えば、経営者の大半は、「権力」をもったからこそ、勘違いをしないように自戒する堅実な方ばかりですが、それでも、「権力」が生み出す〝騙し絵〟に惑わされて、道を誤るケースは後を絶ちません。それほど、「権力」とは、御《ぎょ》し難《がた》いものということなのだと思います。

では、どうすれば危険を遠ざけることができるのでしょうか？

もちろん、私に、その「正解」をお伝えする資格があるとは思っていません。

私など、不完全な存在にすぎません。そして、ブリヂストンのＣＥＯとして、一度たりとも〝騙し絵〟に惑わされたことはないと言う自信もありません。ただ、そのことを前提にしつつ、私なりに「これが大切ではないか」ということを書いておきたいと思います。


まず第一に、正しく怯《おび》えることが大切です。

経営者になったからといって、人間として立派なわけではありません。気を抜けばすぐに愚かなことをしでかす、不完全な存在にすぎません。そして、「権力」などという恐ろしいものを、完全に御することなどできないとわきまえたほうがいい。

そして、「自分が〝騙し絵〟に惑わされているのではないか？」「周囲におだてられているだけではないか？」「そのために誰かを苦しめているのではないか？」「組織を傷つけているのではないか？」とときに怯えるくらいでちょうどいい。このような自己チェックを常に欠かさないことは、経営者としての基礎動作ではないかと思います。

「権力」をもたない時にしか学べない大切なこと

もうひとつは「経験」です。

私が幸運だったと思っているのは、ペーペーの平社員だった頃に、人とチームを動かす経験をたくさんさせていただいたことです。その「経験」が、経営者になったときに大いに身を助けてくれたと思うのです。

そうした経験は、当時の私にとっては苦痛でしかありませんでした。

特に、強烈な経験となったのは、入社2年目でいきなり、立ち上げ真っ只中のタイ・ブリヂストンの工場に配属された直後に遭遇した出来事でした。

タイ工場に着任して早々に、「タイ人従業員による在庫管理が混乱しているので正常化してくれ」と指示されたのですが、「舐められたらダメだ」と気負った私は、無理して強い姿勢で彼らに改善を要求。これが、猛烈な反発を食らったのです。

こちらとしてはスジの通った指摘をしているつもりなのに、全く言うことを聞いてくれない。それどころか、「若造のくせに威張りやがって、なんだコイツは」という態度をあからさまに取られる始末。在庫管理が適正化するどころか、職場が機能不全に陥りかけたのです。

困り果てた私は、上司に泣きつきました。

ところが、工場は24時間稼働が始まったばかりですから、まさに戦場のような忙しさ。多忙を極める上司たちも、私の相手をする余裕がなく、「それはお前の問題だろ？　お前が自分の仕事ができていないだけだ」と突き放されてしまいました。

これには正直、心が折れそうになりました。「もう辞めたい」とまで思いましたが、当時は国際航空運賃が非常に高額だったので、日本に逃げ帰ることもできません。追い詰められた私は、「なんとかするしかない」と腹をくくるほかありませんでした。

「なにがダメだったのか？」と、私なりに懸命に考えました。

そして、考えに考えた末に、頭ごなしに仕事を否定されて、反発を感じない人間などどこにもいないという当たり前のことに気づきました。

そこで、こちらから現場に出向き、一人ひとりと丁寧にコミュニケーションを取り続けました。そして、「もっといい方法で在庫管理をすれば、みんなの仕事もラクになる」と提案。「そのためにはどうすればいいか？」を一緒になって考え、率先して身体を動かし、汗をかきました。

もちろん、甘くはありません。

しばらくは相手にしてもらえませんでしたが、彼らも徐々に「日本から来た生意気な野郎も、やっとわかったか」と態度を軟化。徐々に仲間に入れてくれるようになり、私が思い描いていた在庫管理の理想型にも共感してくれるようになりました。そして、私がうるさく言わなくても、彼らが主体的に改革を進めてくれるようになったのです。

「権力」は補助ツールにすぎない

この経験は、私にとって「財産」となりました。

最大のポイントは、あのとき私には一切の「権限（権力）」がなかったことです。もし、私に「権限」があれば、それを使って、もっと簡単にタイ人従業員を動かすことができたはずです。あるいは、あのとき「権限」をもつ上司が介入してくれたら、同様に問題はすぐに解決したように思います。

だけど、あのときの私には一切の「権限」がなかった。だからこそ、私は、自分の行いを深く反省したうえで、彼らに頭を下げ、できる限りの努力をすることで、なんとか彼らの協力を得て、在庫管理の適正化という成果を上げようと工夫をしたのです。

そのプロセスで、重要なことを学びました。

人や組織を無理やり動かそうとしてもうまくいかない。それよりも、相手に対するリスペクトをきちんと示すことで、相手との信頼関係を築くことが大事。そのうえで、「もっといい方法で在庫管理をすれば、みんなの仕事もラクになる」といった魅力的なゴールを示して、みんなの共感を呼ぶことができれば、物事は自然と動き出す。あのときの私は、「権限」をもたないからこそ、人と組織を動かす原理原則を学ぶことができたのです。

つまり、人と組織を動かすために、絶対に欠かせないのは「コミュニケーション」だということです。

相手と信頼関係を築き、相手とめざすべきゴールを共有することで、相手の自発性を引き出す。そのために本質的に必要なのは、「コミュニケーション」であって、有無を言わさず相手を動かす「権力」ではない。むしろ、「権力」は強制力そのものですから、相手の自発性を傷つけ、相手のなかに拭いがたい不満や反発を生み出すリスクを伴うのです。

ただし、冒頭で述べたように、どんなに「コミュニケーション」を丁寧に積み重ねても、社内の全員が100％納得するようなことはありえません。だから、最終的な補助ツールとして「権力」を使う。これが、企業経営における「権力」の正しい位置付けだと思うのです。

そして、腹の底から、「権力」を補助ツールとして認識することができていれば、無闇に「権力」を振り回すような〝愚かなこと〟はしませんし、組織を動かすためには「コミュニケーション」が大事だと骨の髄までわかっていれば、「権力」がもたらす〝騙し絵〟に惑わされるリスクも最小化できるように思います。

なぜなら、社内のさまざまな立場の人と、本音ベースの「コミュニケーション」をするために心を砕いていれば、経営者としての自分のあり方に対するネガティブなフィードバックも察知することができるはずだからです。結局のところ、不完全な人間が、自分の「真の姿」を知るためには、周囲の人からのネガティブ・フィードバックに向き合う努力をするほかないのです。

ただし、「人と組織を動かすために大事なのは『コミュニケーション』。『権力』は補助ツールにすぎない」という原理原則は、本を読んだり、講義を聞いて、「知識」としてもっていても、現実においては役に立ちません。「権力」をもたない若い頃に、苦労しながら人や組織を動かす経験を積むことによって、「原理原則」を身体に刻み付け、自身の思考・行動パターンにまでもっていかなければ、いざというときには使い物にはならないのです。

9

経営者は現場に対する「畏れ」をもて。

現場は「複雑怪奇」である

経営者は簡単に騙《だま》される——。

少々過激な言い方かもしれませんが、経営者はそのくらいの認識でいたほうがいいと私は考えています。

なぜなら、経営者は普段、社内エリートである本社スタッフに囲まれながら仕事をしており、現場の「生の情報」からは隔絶《かくぜつ》されているからです。もちろん、本社スタッフが「経営者を騙そう」としているわけではありません。しかし、彼らが現場との間に介在することで、経営者の現場認識に歪みが生じることを恐れる必要があると思うのです。

その典型が、本社スタッフが書く現場レポートです。

本社スタッフは、理路整然としたレポートをまとめる能力に長《た》けているだけに、それを読んだ経営者は〝騙され〟てしまうリスクが高いのです。どういうことか？ 具体的なケースを想定しながら、考えてみたいと思います。

たとえば、本社中枢において、世界中の工場の生産性を一律20％上げるという目標を立てたとします。

当然、順調に生産性を向上させる工場と、なかなか成果の上がらない工場が生まれますから、本社は生産性の上がらない工場に対して、その理由と改善策をレポートするように要請することになるでしょう。

ところが、現場からのレポートはどうにも要領を得ないものが多いものです。

それには理由があります。そもそも、現場で起きていることは複雑怪奇であり、理屈でスパッと割り切ることができるようなものではないからです。

たとえば、工場の運営には、こんなジンクスのようなものがあります。トラブルなくスムーズに立ち上がった工場は、その後も順調に稼働するところが多いのですが、立ち上げ段階でトラブルに見舞われた工場は、なぜかそれ以降もトラブルが絶えないのです。

この現象を合理的に説明するのはきわめて困難で、結局のところ、やや不適切な表現ではありますが、「〝育ちのいい工場〟と〝育ちの悪い工場〟がある」とでも言うほかないというのが正直なところなのです。工場の運営・管理に携わったことのある方ならば、きっと共感していただけるはずだと思います。

このことが象徴的に示すように、工場のような現場で実際に起きていることを理路整然と説明するのはほとんど不可能。ましてや、そこに生じている問題を解決する、シンプルな対策などありえないと言ってもいいのです。

経営者が騙される「カラクリ」とは？

ところが、本社中枢にいると、このことが理解できません。

現場が提出したレポートをいくら読んでも、何が問題で、どう改善すればいいのかが見えてこないことに不満を感じるだけではなく、あれこれ言い訳を書き連ねて、成果が上がらないことを正当化しようとしているようにすら見えてくるのです。

そこで、業を煮やした経営者が、本社スタッフに現地に行って調査したうえで、レポートをまとめるように指示するわけです。

このようなケースにおいて危険なのは、本社スタッフが、生産性を順調に改善している別の工場の取組内容を知っていることです。

彼らは、それが「答え」だと思ってしまう。または、それが「答え」だと決め打ちしてしまう。そして、その工場でやったのと同じことをすれば生産性が上がると考えてしまうのです。

その結果、何が起こるか？

本社スタッフが、成功事例から導き出したストーリーに沿った資料を現場に要求。現場が「資料提供係」になってしまうのです。つまり、現場としては、自分達の現場に合った課題解決策が提示されると期待して資料を提出していたのに、本社スタッフは複雑怪奇な現場に向き合うことなく、もともとあるストーリーを成立させるために必要な資料だけが収集され、それ以外はすべて切り捨てられてしまうのです。

このプロセスを辿れば、誰がやっても、理路整然としたわかりやすいレポートができるに決まっています。しかも、成功事例をベースにしたストーリーですから、一見、説得力もあります。こうして、経営者は〝騙される〟わけです。

「理路整然」としたレポートは無力である

もちろん、このようなレポートは、現実には全く機能しません。

現場が苦しんでいる「現実」を直視することなく、本社スタッフが描きたいストーリーをまとめただけのレポートが機能するはずがないのは当然のことでしょう。

成功事例の工場では最新式の機械が導入されているけれど、その工場では古い型式の機械がそのまま使われているのかもしれませんし、工場の動線の設計が悪くて、従業員の生産性を押し下げているのかもしれません。

それに、温暖地帯の工場と熱帯や寒冷地帯の工場では、工場内の気温や湿度も異なります。快適な環境のなかで働くのと、うだるような暑さと湿気のなかや凍るような寒さのなかで働くのとでは、体力の消耗度が大きく異なります。

あるいは、工場が立地する地域特性も大きく影響します。

たとえば教育。先進国であれば、「労働倫理」「効率性」「品質」などの観念を教育された労働者がたくさんいますが、発展途上国のなかにはそれが難しいこともあります。その場合、これらの観念を現場で教育していくほかありません。

さらに、組合が強い国では、生産性向上のために従業員の協力を得るのも一苦労。組合との信頼関係を築くためには、大汗をかかなければなりません。こうした環境の違いも、大きなハンディキャップになります。

こうしたことを含めて、現場が置かれた「現実」を仔細に検証することなくまとめた解決策など、単なる〝机上の空論〟。そんなものが、実際に役立つことなどありえないのです。

それどころか、その〝無価値なレポート〟を実行できないことで、現場は重ねて非難の対象となるうえに、現場のことを何もわかっていない本社スタッフが直接、指示・命令し始めたりすることで、それまでなんとか持ちこたえてきた現場がついに崩壊へと向かっていくことすら起こりかねません。

これでは、現場にとって、本社スタッフとその背後にいる経営者は「悪代官」にしか見えないでしょう。そして、本社と現場の間に、深い「不信感」が定着してしまう。実に恐ろしいことではないでしょうか。

本社スタッフが「勘違い」する理由

注意していただきたいのは、本社スタッフは、別に現場をいじめようとしたわけでもなければ、経営者を〝騙そう〟としたわけでもないということです。彼らなりに、本社スタッフとしての仕事を忠実に果たそうとしていただけなのです。

ただし、本社スタッフという立場につくと、「勘違い」をしやすいということは自覚したほうがいいでしょう。

なぜなら、本社スタッフは、立派な本社ビルのなか、経営中枢と直接やりとりしながら仕事を進めるエリート的なポジションであるだけに、どうしても社内を「上から目線」で眺める姿勢を身につけやすいからです。

それに、現場に対して指示・命令を伝えたり、業務を管理・指導する立場ですから、なおさら「こっちが上、現場が下」という意識になりやすいはずです。

しかも、業績好調な現場とそうではない現場を「比較」する立場であるために、業績が低迷したり、問題を抱えている現場のことを、ことさらに「低く」見る傾向もあります。はっきりと言葉にすれば、問題ばかり起こす現場が「バカ」に見えてしまうこともあると思うのです。

このような態度を本社スタッフに取られると、現場としては「怒り」を覚えつつも、どうしても「萎縮《いしゅく》」してしまうものです。

それは、若い頃から、ほとんど本社勤務の機会がなく、タイや中東などの現場を走り回っていた私には、身に染みてわかることです。何度も、本社中枢から派遣されたスタッフとの関係で苦慮させられてきたからです。

入社3年目で体験した「現場の苦しみ」

たとえば、こんなことがありました。

あれは入社３年目、タイに赴任していた頃の話です。

ある日、唐突な指令が飛んできました。当時、バンコク市内にタイ・ブリヂストンの物流センターを建設していたのですが、完成した暁《あかつき》には、その物流センターの長をやるように命じられたのです。

物流センターは３階建。毎日、工場から直送されてくるタイヤを、バンコク一円と地方の小売店に配送する役割を担う。わかっていることはそれだけ。そのほかは、センター長を私がやること以外、何も決まっていませんでした。

まだヒヨッコだという自覚がありましたから、正直、「無茶苦茶な話だな……」と不安ばかりが募りましたが、若造に拒否権などありません。数十人の「クーリー（苦力）」を現場作業員として集め、体格のいい荒くれ者たちに小突き回されながら、物流センター長の仕事に取り掛かるほかありませんでした。

ところが、すぐに現場は大混乱に陥りました。

なにしろ、私を含めて全員が物流の素人です。工場から毎日、どんどん送り込まれてくる多種多様なタイヤを手際よく受け入れ、決められた場所に収納するとともに、配送先ごとにタイヤをまとめて出荷していくのは至難のわざでした。

事前に考えていた「仕組み」は早々に崩壊。大混乱を制するために、私は現場を走り回って指示を出しましたが、まさに〝焼石に水〟。あまりの物量を前に、日に日に混乱は増すばかり。気性の荒いクーリーたちに、「ちゃんと仕切れ」と詰め寄られて、震え上がったこともありました。

本社に何度も頭を下げる「屈辱」

そして、迎えた6月の中間決算——。

本社の管理部門のスタッフが、棚卸しの在庫チェックに来ました。

結果は、散々でした。在庫管理台帳と実在の数が合わない。個別入出庫伝票と台帳が合わない。ものすごい数のタイヤが、ほぼ無管理状態にあることが白日のもとにさらされたのです。本社のスタッフは激怒。私たちを、ボロカスに非難しました。

もちろん、反論はできません。

在庫管理ができていなかったのは事実。謝るほかありません。しかし、これには無性に腹が立ちました。

本社はエアコンが効いていてほぼ定時退社ですが、こちらは毎日、猛烈な暑さと湿気のなか、真っ黒になりながら夜中まで死に物狂いで働いているんです。しかも、ゼロから物流センターを立ち上げて、タイヤをさばくだけでもたいへんなうえに、寝る間も惜しんで在庫管理の「仕組み」について試行錯誤を続けてきたのです……。

それをねぎらう言葉など一切なく、ただただ現場をボロカスに罵倒《ばとう》するだけの本社スタッフ。しかも、「タイヤに触れると汚れるから」と、私たちには支給されない白い手袋まではめている。クーリーたちはもちろん私もさすがにカチンときました。一方的に罵倒されながら、体が震えるほどの怒りを感じていました。

もちろん、その「怒り」を表現することはできません。

私たちが会社に迷惑をかけているのは事実なので、精度の高い在庫管理をする「仕組み」を構築することに全力を上げるほかありません。

そこで、私は熟慮を重ねた末に、本社に頭を下げて、スタッフ職の人員増を依頼することにしました。クーリーたちにはタイヤの搬入・搬出、倉庫内での積み上げ・積み下ろしなどの肉体作業に集中してもらって、彼らが苦手とする在庫管理の事務作業は、専属のスタッフ職が担当するしかないと考えたからです。

もちろん、人員増のハードルは高い。本社との交渉は難航を極めましたが、何度も何度も頭を下げて、現場の状況を必死で訴え続け、ようやくのことで、不十分ながらスタッフ職の補充を認めてもらうことに成功。こうして、どうにかこうにか適正な在庫管理ができるようになったのです。

今となれば、あのときの本社スタッフは、棚卸しが正確に行われていることをチェックする任務に忠実なだけだったことはわかりますし、あまりにも杜撰《ずさん》な状態にあった私たちの物流センターに対して、「まったく、何をやっているんだ!」と苛立ちを覚えるのもわからないではありません。

しかし、当時の私の目には、本社がまるで「敵」のようにすら見えたものです。

どうして、入社3年目の若造をセンター長にしておきながら、何一つサポートをするわけでもなく、ただただ責め立てるばかりとは、一体どういうことなんだ？　その理不尽さに「怒り」を覚えるとともに、本社に対する「不信感」のようなものを感じずにはいられませんでした。

だけど、そんな気持ちを表現することなどできるわけがありません。むしろ、これ以上、責められることのないようにと「萎縮」するとともに、自分の知恵と努力でなんとかするしかないと、「孤立感」のようなものを噛み締めるほかありませんでした。

経営者は現場に対する「畏れ」をもて

私は、入社早々から、このような経験を何度もしてきましたから、本社と現場の関係性の脆《もろ》さ、難しさを嫌というほど思い知らされてきました。

そして、本社スタッフに任命するまでに、必ず現場経験を積ませるといった人事制度上の工夫の必要性もあると思いますが、決定的に重要なのは、経営者自身の現場に対するスタンスだと考えるようになりました。

まず第一に、経営者自身が、複雑怪奇な現場に対する「畏れ《おそ》」をもたなければならないと思います。この「畏れ」とは、読書や研修などで観念的に理解できるようなものではなく、現場で成果を上げるために地べたを這うような実務経験を積むことで体得するほかない感覚です。

この「畏れ」があれば、本社スタッフが上げてくる理路整然としたレポートなど、嘘くさくて読んでいられないはずです。

むしろ、本当に現場に向き合って、真剣に悩み抜いている人間が書くレポートは、見た瞬間に伝わるものがある。一文一文に「苦渋」や「悩み」がしっかりと込められている。こうした感触がもてた時にはじめて、「このレポートはわかりにくいが、信用できそうだ」と思える。そのペーパーの向こうに、複雑怪奇な現場が透けて見えるように感じるからです。

そして、そのレポートを素材としながら、「ここがよくわからない」「なぜ、こうなってしまうのか」などと、現場と労を惜しまずコミュニケーションを重ねる。必要であれば、現場にまで足を運ぶ。こうしたプロセスを通して、本社中枢と現場が問題の全体像を共有することができるのであり、それができた時にはじめて問題は解決に向けて動き出すのです。

しかも、経営者がこうした姿勢を見せることによって、本社スタッフたちも現場に対する「畏れ」をもつとともに、現場とどのように向き合うべきかを真剣に考えるようになるはずです。本社スタッフの「あり方」を決めるのは、経営者の「あり方」にほかならないのです。

経営中枢は「1円」も稼いでいない

第二に、経営者（本社中枢）は「1円」たりとも稼いでいないことを認識することです。

本社中枢というと、あたかも組織の中核のような気がしますが、具体的な成果を挙げ、お金を稼いでいるのは常に現場です。その現実をしっかりと認識することができれば、組織の「見え方」が変わってくるはずです。

ほとんどの会社の組織図を見ると、経営者と本社中枢を頂点に、現場を最底辺に置く三角形の形をしていますが、これが勘違いのもとなのです。

現実は、真逆。成果を出し、利益を生み出している現場こそが組織の頂点であり、それを本社スタッフがサポートし、それら全体を最底辺で支えるのが経営者だと認識すべきなのです。それこそが、経営の原理原則なのです。

経営者は謙虚になれ、と言いたいわけではありません。

それが、会社という組織の「実際の姿」であるのだから、そう考えるのが当たり前だと言いたいのです。

そして、本気でそう思えていれば、現場を「上から目線」で見るような愚かなことはしないはずです。成果が出せなかったり、問題を抱えている現場があれば、それを責め立てるのではなく、本社サイドから「どのようなサポートをすればよいか?」とコミュニケーションを持ちかけることができるはずなのです。

私も若い頃、タイの物流センターで人員補強を求めるために、屈辱に耐えながら頭を下げ続けましたが、あのような思いを現場にさせるべきではありません。

そうではなく、本社サイドから現場にサポートを申し出るべきであり、そんなコミュニケーションが成立した時には、経営と現場の間に強固な「信頼関係」が生み出されるに違いありません。その「信頼関係」こそが、根源的なインフラとして、組織の持続的な成長を支えてくれるのです。

「優れた計画」は組織を自由にする。

10

なぜ、「計画」は機能しないのか？

「事業計画」は諸刃の剣である――。

このような意見を耳にすることがありますが、私もそれに同意します。

なぜなら、社内で「事業計画」を定めることで、会社全体が進む方向性・目標を全社員が共有したうえで、それぞれの部門・部署、さらには一人ひとりの従業員が達成すべきタスクを明確にすることに意味があるのは間違いのないことですが、この「計画」にはさまざまな〝落とし穴〟があるのも事実だからです。

第一に指摘したいのは、「計画」のつくり方に起因する〝落とし穴〟です。

「計画」のつくり方には二つあって、ひとつは、本社中枢が決めた計画を現場に割り振るもの。もうひとつが、現場が立てた目標を積み上げたものです。私は、この両者ともに「計画」としては機能しないと考えています。

前者は、経営から現場への〝押し付け〟にほかなりませんから、現場のオーナーシップ（仕事の所有権）は皆無。〝やらされ感〟が募るだけで、現場のモチベーションが上がるとは思えません。最悪の場合には、「これだけの人員・予算で、これだけの売上・利益を出すように」といった、現場の手足を縛る〝数値コミットメント〟に堕してしまうことになりかねません。

しかも、現場の実情を踏まえない「計画」になりがちですから、現場からは「お前が来てやってみろ」（ブリヂストンでは、「お前」「来て」「やってみろ」の頭文字をとって「ＯＫＹ」と言われていました）と思われるだけで、社内に深刻な分断が生じる可能性すらあるでしょう。

かといって、現場からの積み上げでつくった「計画」も機能しません。

なぜなら、現場の厳しさを知っているからこそ、どうしても保守的な「計画」になりがちだからです。

その「保守的な計画＝現状の延長線上にある計画」をいくら積み上げても、高い目標設定にはなりません。しかも、現場は「部分最適」の発想をしますから、「全体最適」も損なわれる。それでは、組織全体として最高のパフォーマンスを実現する「計画」として機能することは期待できないと思うのです。

「計画」のせいで組織が硬直化する？

また、よく指摘されるのが「計画に束縛される」という〝落とし穴〟です。

世の中の変化が激しい現代においては、未来のことは誰にも正確に予測することはできません。そのような環境において生き残るのは、市場の変化に即応して、変化し続ける会社です。その意味では、「朝令暮改《ちょうれいぼかい》」ができることこそが、企業が生き残るうえで重要だとも言えるわけです。

ところが、一度定めた「計画」に経営者の思考が縛られてしまって、臨機応変に変化することができなくなってしまうことがあります。

あるいは、現場サイドが保守的になってしまい、経営者が「計画」の一部を変更しようとするのに対して、「社長はコロコロ変わる」「社長はすぐにブレる」「社長は独裁的だ」などと批判をしたり、「計画」の修正に抵抗したりすることもあるでしょう。

このように、「計画」が組織の硬直化を招き、企業の競争力を損ねてしまうリスクにも、十分に注意を払う必要があると思います。

ただ、私はこれらの問題は、「計画」そのものに内在した〝落とし穴〟というわけではないと考えています。

時折、こうしたリスクが伴うことから、「計画」そのものを否定的に捉える論調を見かけることがありますが、あまり安易にその論調を受け入れて、何かを判断するのは避けたほうがいいと思います。

たしかに、「計画」には〝落とし穴〟がありますが、それは、「計画」というツールをうまく使いこなせていないからだと思うのです。そして、私がCEOとして大切にしてきたのは、「計画」を策定する「仕組み」であり、その「仕組み」をベースに、経営と現場が「コミュニケーション」を深めるプロセスでした。

これらのポイントをしっかりと押さえることができれば、「計画」の〝落とし穴〟が回避できるどころか、とてつもない効果をもたらしてくれることを、実際の経験を通して確信しているのです。

魅力的な「あるべき姿」を描き出す

とはいえ、私がやっていたのは、決して難しいことではありません。

むしろ、非常にシンプルなことで、その気になれば誰にでもできることしかやっていません。

出発点は、ブリヂストンのＣＥＯである私が、会社の「あるべき姿」を描き出すことです。その「あるべき姿」が、会社の構成員全員にとって魅力的なものであれば、たとえその実現のハードルが高かったとしても、みんなは高い達成意欲をもってくれます。

そのうえで、各子会社の置かれている現状を踏まえながら、それぞれのＣＥＯが主体的に自社の「あるべき姿」を描き、それをもとに子会社ごとに「中期経営計画」を策定します。それを全部集めたうえで、本社で全体の整合性をチェック。必要であれば、オーナーシップをもつ各子会社のＣＥＯとしっかりとコミュニケーションをとって、合意を得ながら整合性をとっていくわけです。

こうして、子会社ごとに各年度の投資計画・人員計画など具体的な施策をすべて入れ、時系列で並べた「中期経営計画」を策定したうえで、最終的にはグループ全体で整合性のとれた「連結計画」を確定して、グループの幹部全員で共有。これを、毎年1年ずつ延長してローリングしていくことによって、「あるべき姿」に一歩一歩近づき達成するという仕組みです。


そして、この「中期経営計画」を勝手に変更することは、本社、各子会社ともに禁止。必要であれば、必ず協議し、お互いに納得したうえで変更を加えます。

いわば、「本社中枢が決めた計画を現場に割り振る仕組み」と「現場が立てた目標を積み上げる仕組み」をハイブリッドさせたと言えるかもしれませんが、私は、本来あるべき当たり前の計画のつくり方をしているだけだと思っています。

なぜなら、ここでやろうとしているのは、要するに経営側が魅力的な「あるべき姿」を描き、それに共感するメンバーが、オーナーシップをもってそれぞれの仕事を進めるという当たり前のことを「仕組み」にしただけだからです。

現場への「敬意」こそが本質である

ただし、重要なのは「仕組み」ではありません。

最も重要なのは、この「仕組み」を動かすときの「コミュニケーション」のあり方だと思います。

まず第一に、各子会社のＣＥＯの自尊心とオーナーシップを大切にすることが不可欠です。たとえ、そのとき業績が悪かったとしても、そのことを責めるのではなく、「どうすれば計画を達成できるか」と一緒になって打開策を考える。

そして、子会社のＣＥＯを勇気づけて、元気になって現場に戻ってもらえば、その元気な姿を見た現場のメンバーも士気が上がるはずです。しかも、子会社のＣＥＯも同じように、現場のメンバーの自尊心やオーナーシップを尊重し始めるはずです。ここに生まれるモチベーションが、「計画」を遂行する原動力となるのです。

また、常日頃から、経営トップが現場とのコミュニケーションを取り続けるスタンスも大切だと思います。

そもそも、経営トップが「あるべき姿」を描き出すためには、その前提として、できる限り現場を体感するとともに、現場の話に真摯に耳を傾け、彼らから学ぶことが不可欠です。現場が何を喜びにし、何に苦しみ、何に悩んでいるかを深く理解せずして、現場のメンバーが魅力を感じる「あるべき姿」など描けるはずがないからです。


あるいは、現場にとって実現するハードルの高い「あるべき姿」を描いた時に、現場の理解を得るためには、「あの社長は現場のことをよくわかってくれている。きっと、勝算があって言ってるんだろう」と思ってもらえるだけの信頼関係を築いておかなければなりません。そのためには、日頃から真摯なコミュニケーションを積み重ねる以外に「道」はないと思うのです。

そして、こうしたコミュニケーションがきちんと取れていれば、「中期経営計画」が現場の手足を縛る〝数値コミットメント〟に堕すことも避けることができるはずなのです。

誤った「効率主義」が、組織の効率を決定的に損ねる

もちろん、初めて「中期経営計画」をつくる時には、数多くの現地ＣＥＯとゼロベースで合意形成をしなければならないわけですから、正直なところ、気の遠くなるほどのコミュニケーション・コストを支払う必要があります。だから、せっかちな経営者であれば、「こんな非効率なことをやっていられるか！」となるかもしれません。実は、これこそが、「トップダウン型」か「ボトムアップ型」のいずれかの、シンプルな経営計画が増えている最大の原因なのかもしれません。

しかし、このような「効率主義」は間違いだと思います。最初の段階でしっかりとコミュニケーション・コストを支払うのは、長い目でみれば、極めて効率のよい「投資」だからです。

そのことを実感したエピソードをご紹介しましょう。

ブリヂストンのCEOに就任した私は、すぐさま「名実共に世界ナンバーワン企業になる」という「あるべき姿」を掲げ、定量目標として「ROA6％」、定性目標として「成長体質と増益体質を併せもつ事業体への変革」を明示。全世界の子会社CEOと膨大なコミュニケーションを取りながら、5年の「中期経営計画」を策定しました。

なかでも、私が重点課題として注力したのが、全世界に点在する工場の整理・強化でした。

ファイアストンの買収をはじめ、事業を大きく拡大してきたがために、国際競争力が低下した工場を抱えたままだったほか、今後の収益の柱を担うべき戦略商品を生産する工場を新設する必要に迫られていたのです。しかも、できるだけ速く……。


しかし、これが難題でした。

なぜなら、足元の需要に応じるために既存の工場をフル回転させている状況において、工場再編を進めることによって、万一、供給量を落とす事態を招けば、その間隙《かんげき》をついて、一気に他社にシェアを奪われてしまうからです。ディストリビューターにすれば、ある会社で欠品が生じれば、別会社の商品を扱うようになるのは当然のこと。

一度そうなってしまえば、回復不能になるおそれがあるのです。

ところが、統廃合と新増設は同時に進めなければならないのですが、どうしても統廃合が先行して、新増設が遅れがちになるのが現実。このタイムラグが命取りになりかねないわけです。そのため、できるだけ速く成し遂げる必要があるのに、それができないジレンマを抱えたまま「中期経営計画」を策定するほかなかったのです。

「100年に一度の危機」が、「千載一遇のチャンス」である理由

そんななか、2008年にリーマンショックが起こります。

それに伴い、タイヤの需要が大きく減少。社内外は騒然としました。私のもとには、社内外から「これだけのことが起きたのだから、中期経営計画はご破算ですよね？」という質問がたくさん寄せられました。

しかし、私は「もちろん、状況変化が起きたのだから修正は加えますが、基本的な

骨組みは一切変える必要がありません」と明言しました。なぜなら、「中期経営計画」のゴールである「あるべき姿」は、リーマンショックが起こったから変わるような性質のものではないからです。

たしかに、リーマンショックは大きな変化ではありますが、「経営環境が変わる」のは「中期経営計画」の前提条件。その「環境変化」に適応する必要はありますが、「あるべき姿」を変える必要はない。むしろ、「環境変化」によってコロコロ変えるのならば、そもそもそれは「あるべき姿」ではなかったと言うべきなのです。

むしろ、私は、リーマンショックを「100年に一度の危機」とやたらと騒ぎ立てる風潮に違和感を感じていました。もちろん、足元の需要はドーンと落ちていますから、目先の業績は苦しくなるのは目に見えています。それは、たしかに危機です。

しかし、目先の危機にばかり気を取られるのではなく、危機の先に起こる「自社の危機」をこそ恐れなければならない。そして、その視点から現実を凝視したとき、リーマンショックは「千載一遇のチャンス」であることに気づいたのです。

「優れた計画」は組織を自由にする

どういうことか？

国際競争力が低い工場を閉鎖することができず、稼働し続けなければならなかったのは、足元の需要に応えなければならないからです。ところが、リーマンショックで需要が大きく損なわれたわけですから、いまこそ、工場を閉鎖する絶好のチャンスなのです。

むしろ、このタイミングで閉鎖しなければ、大きなリスクを抱えることになります。なぜなら、リーマンショックから世界経済が立ち直って、タイヤの需要が元に戻れば、国際競争力が低い工場を閉鎖することができなくなり、再び稼働させなければならなくなるからです。

だから、私には、リーマンショックが終わらないうちに工場閉鎖と新増設をやらなければという一種の焦りがありました。しかし、私の要請を待たずとも、現場のCEOから続々と計画前倒しの提案が寄せられたのです。

ここに「機能する計画」の真髄があります。

もしも、私たちが「中期経営計画」を策定していなければどうなったでしょうか？　いくら私がグローバル経営のトップだといっても、各子会社の業績に大きな影響を与える工場閉鎖を強引に推し進めるには無理があります。

その結果、全社を巻き込んだゼロベースの議論をしなければなりませんから、リーマンショックが起きた絶好のタイミングに即断することは不可能。つまり、ものごとを動かすのに膨大な手間と時間がかかってしまうということであり、即断即決が求められる局面で身動きが取れないという最悪の事態を招いてしまうのです。

しかし、私たちは、すでに侃侃諤諤《かんかんがくがく》の議論の末に、「中期経営計画」において工場の閉鎖について共通認識をもっていました。しかも、実施にかかる予算等もかなり固めていましたから、「計画を前倒しにする」ということさえ社内で確認できれば、即座に実行に移すことができるわけです。

このように、「計画」とは、一度決めたらそれを厳守するのが目的ではなく、むしろ、変化に即応するためにこそあるのです。

ただし、そのためには、「計画」を策定するプロセスで、経営と現場がしっかりとコミュニケーション・コストをかけて、「腹」を合わせておくことが絶対条件です。そして、この条件を満たした「計画」をつくることができれば、組織が硬直化することなどありえず、むしろ、市場の変化に応じて、臨機応変に組織の形を変えることができるようになるのです。

だから、私はこう確信しています。

「優れた計画」は組織を自由にする、と。

思考法

「未来」から「現在」に遡《さかのぼ》って考える。

11

経営は常に「理想」から始める

「理想」と「現実」――。

経営とは、常にこの二つの狭間《はざま》で格闘するものと言ってもよいでしょう。

経営者は、従業員、株主、顧客、取引先などのステークホルダーが魅力的だと共感する「企業のあるべき姿＝理想」を描き出したうえで、その「理想」を実現するために、「ヒト・モノ・カネ」をマネジメントする存在です。

一方で、言うまでもないことですが、厳しい「現実」を見据えることなく、「理想」だけを追い求める経営者は、間違いなく失敗することになるでしょう。つまり、「理想」と「現実」の狭間に立って、両者のバランスをとることが経営者には求められるわけです。

では、「理想」と「現実」のバランスをどのように取ればいいのでしょうか？

私が徹底していたのは、「常に理想を考えることから出発する」という原理原則です。決して、「現実」を軽視するという意味ではありません。そうではなく、まず「現実」の制約を度外視して、「理想」を描き出すことが大切。そのうえで、「現実」を見据えながら、その「理想」を実現する具体的な道すじを考えるということです。

経営は「バックキャスティング」で考える

こう言い換えてもいいでしょう。

「経営はフォアキャスティング（Forecasting）ではなく、バックキャスティング（Backcasting）で考える」と。

ご存知のとおり、バックキャスティングとは、はじめに「未来において、企業があるべき姿」を設定して、その「あるべき姿」を実現するための具体的なアクションを決めていく思考法のこと。つまり、「未来」から「現在」に遡って考えることです。

逆に、現時点において実現可能な「改善」を積み上げることによって、「未来」を描き出す思考法のことをフォアキャスティングと言います。つまり、「現在」から

「未来」に向かって考えるということです。

もちろん、このフォアキャスティング思考も経営においては重要であり、現場における日常業務はこの思考法をメインに取り組む必要があると言えます。しかし、経営がこの思考法をとると、その企業は早晩行き詰まることになるでしょう。なぜなら、フォアキャスティング思考の最大の問題点は、「現在」の延長線上にある「未来」しか描けないことにあるからです。

過酷な競争環境を生き抜くためには、現時点における「現実」から連続的な成長をめざすだけではなく、どこかの時点において、非連続的な成長をする局面をつくり出す必要があります。そのためには、経営はバックキャスティング思考を徹底する必要があるのです。

ブリヂストンのファイアストン買収は、バックキャスティング思考の典型と言えるでしょう。

すでに述べたように、1988年にブリヂストンは、経営状況が極度に悪化していた、かつての名門企業・ファイアストンを、約3300億円という巨額を投じて買収しました。

当時、この買収は社内外から猛烈な批判が寄せられたのですが、その批判自体は的を射たものでした。

なぜなら、ファイアストンは、大規模リコールや労働組合との根深い対立などの深刻な問題を抱えるなか、1日1億円の赤字を垂れ流しているような状態だったからです。この時点での「現実」を踏まえて、フォアキャスティングで考えれば、このような買収はすべきではないという結論に至るのが当然だと思います。

経営の最も極限の状況は、「戦争」のようなものである

しかし、このときに「その判断」をしていたら、現在のブリヂストンはなかったと断言できます。

当時、急速にグローバル化が進むなか、ミシュラン、グッドイヤー、ピレリなどのグローバル・ジャイアントが世界市場で、〝食うか食われるか〟の苛烈な闘いを繰り

広げていました。そのなかでアジア辺境の企業にすぎなかったブリヂストンは、明らかに〝食われる側〟の存在でした。

だから、一刻もはやくグローバル・ジャイアントに対抗できるだけの市場シェアを獲得する必要があったのですが、自力でシェアを高めながら、世界各地に工場を建設していくだけの時間の猶予はありませんでした。つまり、バックキャスティングで考えれば、残された選択肢はＭ＆Ａしかなかったのです。

だからこそ、当時の経営陣は、ファイアストンとの業務提携を進めていましたが、それを察知したピレリがファイアストン株式の公開買付を発表した瞬間に、ファイアストンの買収を決断したのです。

あのとき、買収後に難題が山のように降りかかることは百も承知でしたが、それをおそれて買収を見送っていれば、ブリヂストンはアジア辺境の企業として、グローバル・ジャイアントに〝食われて〟いたかもしれません。少なくとも、現在のように、ミシュランと世界トップシェアを競い合うような企業には１００％なることはなかったでしょう。

このケースが典型ですが、経営の最も極限の状況は「戦争」のようなものです。その「戦争」に負けないためには、「現在」の延長線上にある「未来」を追い求めるのではなく、「勝てる状況」をまず設定して、そこに辿り着くために考え得るあらゆるアクションを起こしていく必要があります。

もちろん、このファイアストンの買収劇のように差し迫った状況で「決断」を迫られることは稀でしょう。しかし、平常時においても、最終的には「戦争」に対処できるかどうかを念頭に置きながら「経営判断」をしなければなりません。

「経営は結果がすべて」と言うとおり、「勝つ」「生き残る」「負けない」という「結果」をゴールに置いたうえで、その「結果」から逆算することによって、「いま何をすべきか」を考える。このバックキャスティング思考でなければ、企業を持続的に成長させていくことはできないのです。

「革命的なアイデア」が生まれる条件

しかも、実はバックキャスティングのほうが「実現可能性」が高いという側面もあります。それを端的に示しているのが、「3％のコストダウンは難しいが、3割ならばすぐにできる」という松下幸之助さんの有名な言葉です。

松下さんがこの言葉を口にされたのは、1960年代のこと。当時、トヨタからは毎年3％のコストダウンを要請されていたのですが、自動車産業の国際競争が激化したことを受け、ある年、唐突に「3割のコストダウン」を求められた時のことです。

毎年3％のコストダウンに対応するだけでも息切れする状態だったのですから、はっきり言って無理難題。カーラジオを担当していた事業部は、「到底無理だから、断るほかない」と考えていたそうです。

ところが、このとき松下さんは、「3％だったら、今までの延長線上でコストダウンを考える。だから難しいのだ」とお考えになった。そして、その事業部を「3割下げるには商品設計からやり直さなければならない。そうだとしたら、3割は無理ではない。なんとしてでもこれをやりとげよう」と説得したのです。

もちろん、現場は苦労を強いられたと思いますが、最終的には、ゼロから根本的、抜本的な設計変更を行い、革命的なコストダウンを達成。ここで培った技術・ノウハウが同社の競争力をさらに高めたと言われているのです。

このエピソードはまさに、フォアキャスティングの短所と、バックキャスティングの長所を端的に表現していると思います。

つまり、「今までの延長線上で考える」というフォアキャスティング思考だと、3%のコストダウンすら難しいが、「3割のコストダウン」という無理難題（バックキャスティング）を課せられると、「今までの延長線上で考える」というスタンスを捨てざるを得ず、ゼロベースで考え直す必要に迫られるがゆえに、革命的な仕事が成し遂げられる可能性が高まるということです。

「無理難題」が組織を育てる

これは、ファイアストンの買収にもあてはまります。

当初は、社内外から反発が吹き荒れましたが、当時の社長はガンとして譲らない

「コワモテ」で通す一方で、社長秘書であった私に命じて、関係各所と何度も折衝《せっしょう》を重ねて、理解と協力を得る努力を重ねました。

いわば「剛」と「柔」の両面を使い分けながら、ファイアストンとの経営統合に向けて組織を動かしていったわけですが、予想どおり、想定外の問題がいくつも噴出するなど、その道のりは長く険しいものでした。

しかしながら、経営統合に失敗すれば会社は万事休す。

その厳然たる現実を全員が共有していましたから、とんでもない無理難題が降りかかってきても、「今までの延長線上で考える」のではなく、「ゼロベースで考える」ことでどうにかこうにか活路を見出し、悪路を匍匐前進《ほふくぜんしん》で歩み続けました。

そして、ざっと20年ほどの時間を要しましたが、ブリヂストンは、巨象とも言うべき大組織であったファイアストンを飲み込むことに成功。２００５年には一躍、ミシュランを凌いで世界トップシェアを奪取するにまで至ることができたのです。

この頃には、ブリヂストンという会社の経営力・組織力は格段に向上。私個人にとっても、ファイアストン買収のタイミングで、社長直下の秘書として、社内のすべての部署と社長の接点を務めたのは過酷な経験ではありましたが、そのおかげで能力が無理やり拡張されたように感じます。

これは、フォアキャスティングでは起こり得ないことであり、経営がバックキャスティングによって、「無理難題」とも言いうる課題を設定するからこそ、個人も組織も無理やり成長させられると言えるのではないでしょうか。

現場から全く反対の起きない「目標」に意味はない

ただ、ここまでの書き方では誤解が生じるかもしれません。

バックキャスティングとは、経営が有無を言わせず、現場に「無理難題」を押し付けることのように思われるかもしれないからです。

それは私の真意とは異なります。もちろん、日々、目の前の「現実」と向き合っている現場の人々の多くは、フォアキャスティングの思考法をとるものですから、経営側がバックキャスティングで提示する「目標」に反発することはありえます。というか、現場から全く反発が起きないような「目標」は、バックキャスティングと呼ぶに値しないと言ってもいいかもしれません。

しかし、だからと言って、ここで経営が「権力的」に押し付けるようなことをすれば、すべてはぶち壊しになりかねません。

なぜなら、それは現場のオーナーシップを根本的に傷つけることにほかならず、そんなことをされて、その「目標」に対して本気でコミットする人などいるわけがないからです。経営がバックキャスティングで描き出した「未来像」や「目標」を現場に押し付けてしまった時、それらは単なる〝絵に描いた餅〟に堕してしまうのです。

その意味で、ファイアストンの買収はバックキャスティングの典型例であるとともに、非常に特殊なケースでもありました。なぜなら、きわめて緊迫した緊急事態における「経営判断」だったからです。

もともと、当時の経営陣は、社内で合意形成を図ったうえで、ファイアストンとの事業提携を進めていましたが、ピレリがファイアストン株式の公開買付を発表したために、それに対抗するためには、瞬時に「買収」を決断せざるを得ませんでした。

このように、現場との丁寧な合意形成をする余裕がない場合には、権力的・独裁的に「意思決定」をするほかありません。むしろ、このような局面では、あえて権力的・独裁的であることを引き受ける覚悟が求められるのです。

「凡庸な計画」が出来上がるメカニズム

とはいえ、平常時においては、それはあてはまりません。

バックキャスティングで経営をするためには、基本的には、現場としっかりコミュニケーションをとりながら、丁寧な合意形成を図ることが不可欠。私自身、経営トップとして「中期経営計画」をつくる時には、このことを徹底してきたつもりです。

ただし、実は、ここにも「落とし穴」があることに注意が必要です。

現場との合意形成を図るプロセスにおいて、当初はバックキャスティングで進んでいた計画策定が、いつの間にか、フォアキャスティングに変質してしまうことがしばしばあるのです。

それでは、いかに現場との合意形成ができたとしても、「計画」としては機能しません。このような「落とし穴」に陥らないためには、どういうメカニズムで「落とし穴」が生じるのかを理解したうえで、経営側が現場とのコミュニケーションの舵取りを高度化させる必要があります。

では、どういうメカニズムが働いているのでしょうか？

「中期経営計画」の策定プロセスを辿りながら考えてみましょう。

計画策定プロセスの出発点は、経営者である私がバックキャスティングで「組織のあるべき姿」を描き出すことにあります。そして、現場のリーダーたちとディスカッションを重ねて、その「あるべき姿」をより精密にしたり、必要であれば修正したりするわけです。

もちろん、日々、「現実」と格闘している現場のリーダーたちのなかには、「現在からの延長線で考える」というフォアキャスティングから、「現実」を度外視するバックキャスティングへと、思考を切り替えることに戸惑う人がいるのも事実ですが、慣れてくれれば、「現実のくびき」が外れることで、誰もが自由な発想で「あるべき姿」を思い描き始めます。

その結果、この最初の段階では、ディスカッションに参加した全員がおおいに盛り上がり、積極的に意見を出し合い、全員が合意できる「あるべき姿（＝中期経営計画）」は必ず出来上がるのです。

責任感が強い人ほど「保守的」になる

問題はここからです。

全員が合意した「あるべき姿（＝中期経営計画）」を踏まえて、「実行計画」を策定するフェーズに入った途端に状況が一変するのです。

なぜなら、「あるべき姿」を描く時には、「現実のくびき」から解き放たれることで、純粋に「理想」を追い求めることができるのですが、いざ、その「あるべき姿」の「実行計画」を考えるとなると、一気に「現実」に引き戻されるからです。

いわば、「あるべき姿＝理想」を思い描いていた状態から、ハッと「現実」に意識が戻るわけです。「実行計画」を定めるとなると、「具体的な数値目標」を設定し、その実現に対して「責任」を背負うことになるのですから、それも当然のことでしょう。

その結果、現場のリーダーたちの思考法は、ほとんど無意識的にフォアキャスティングに逆戻りしてしまい、現時点において直面している「現実」から積み上げることで「あるべき姿」に到達するという、きわめて保守的な「実行計画」を描き始めてしまうのです。

ここで怖いのは、経営側もそれを追認しようとする心理が働くことです。

なぜなら、現場のリーダーたちは、「責任逃れ」がしたくてフォアキャスティングに立ち戻っているのではなく、「自分の責任」を誠実に果たそうとするがゆえに、保守的なスタンスに立っているからです。

そんな彼らが真剣に考えている「実行計画」を否定しても、彼らのモチベーションを下げるだけ。バックキャスティングによる「あるべき姿＝中期経営計画」は全員の合意のもとに成立しているのだから、彼らの「実行計画」を経営としてサポートすれば、「あるべき姿＝計画目標」を達成できるのではないか……。現場との「合意形成」を重視するがゆえに、経営側にこのような考えが生まれるのです。

人間を動かすのは「感情」である

しかし、これは「幻想」です。

バックキャスティングで描いた「あるべき姿＝中期経営計画」は、「実行計画」もバックキャスティングによるチャレンジングなものでなければ、絶対に実現することはできないと肝に銘じなければいけません。

実行計画書のなかでは、それで「あるべき姿」を達成できると書かれていても、それは単に文字面で辻褄《つじつま》を合わせているだけです。逆に、もしもフォアキャスティングで実現できたとしたら、その「あるべき姿」は、そもそもバックキャスティングの名に値しないものだったというにすぎないのです。

ですから、現場のリーダーたちが、現状から「直線」あるいは「連続した曲線」で上がっていく「実行計画」を書いてきた時には、経営者はそれを拒絶しなければなりません。そして、松下幸之助さんが「3割のコストカット」を現場に求めたように、現状から不連続で階段状にレベルアップしていくような「実行計画」を求めなければならないのです。

ただし、ここで「権力」をふりかざすのは好ましくありません。

では、どうすればいいのか？　これはさまざまな観点から論じうるテーマだと思いますが、私なりの経験則から確実に言えるのは、現場との「信頼関係」があるかないかに尽きるということです。

私も、現場がフォアキャスティングの「実行計画」を出してきたら、「バックキャスティングで実行計画をつくってほしい。そうでなければ、僕は君たちの実行計画を受け入れることはできないよ」とはっきり伝えましたし、現場からの「そうはおっしゃいますが……」という主張に対しても、一つひとつ丁寧に反論を加えつつ、「よりチャレンジングな実行計画をつくってほしい」と一歩も引かず説得し続けました。

もちろん、ここで経営者である私の反論や説得に「理屈」が通っていることは必須ですが、最終的に現場を説得できるかどうかのポイントは「そこ」にはありません。

人間を動かすのは、最後の最後は「感情」です。だから、結局のところ、「この社長は現場のことをよく知っている。俺たちの言うことにもちゃんと耳を傾けてくれる。そんな社長が、ここまで言うんだから、何かあるんだろう。いっちょ、やってやるか」と現場の人々に思ってもらえるかどうか、この一点にかかっていると思うのです。

「権力関係」より「信頼関係」が大事

その点、私はついていました。

私は好奇心が旺盛だったので、入社した頃から、何かわからないことがあったら、ノコノコと関係部署まで出かけていって、頭を下げて教えてもらうのを習い性のようにしていました。そのせいもあって、私は若造のくせにやたらと社内で顔が広く、何かあったらいつでも相談できる人がそこらじゅうにいたのです。

こうして若い頃から培ってきた社内人脈が、経営者になってからも、私をおおいに助けてくれました。

私は「現物・現場・現実」を体感しなければ、経営判断に自信がもてなかったこともあり、時間をつくっては現場に足を運びましたが、それまで現場と交流のないCEOがいきなり現れても、現場の人たちは本音を明かしてくれるはずがありません。若い頃から蓄積してきた社内人脈があったからこそ、現場の人たちは私に心を開いてくれて、本音ベースの話をたくさん教えてくれたのです。

そして、このような関係性があるからこそ、私がバックキャスティングによって、現場にとってはハードルの高い「実行計画」を求めたときにも、「わかりましたよ、荒川さん。あんたの考えに乗ってやってみるよ」という感じで、現場の人々が力を貸してくれたように思うのです。

だから私は、バックキャスティングで経営をするために大切なのは、経営と現場の間の「権力関係」ではなく「信頼関係」だと確信しています。そして、経営者であるか、若者であるかを問わず、常に、「他者に学ぶ」「現場に学ぶ」という謙虚な姿勢を保持し続けることが、「信頼関係」の根っこをつくってくれるのだと思うのです。

戦略

12

決して「コンサルタント」に使われてはならない。

コンサルタントには、なぜ「価値」があるのか？

コンサルタントとどう付き合うか――。

これも、経営にとって重要なテーマです。

私は、優秀なコンサルタントはどんどん経営に活かすべきだと考えています。彼らが経営課題の発見・分析、課題解決への戦略策定などに専門性を備えているのが大前提ですが、私が、コンサルタントに最大の価値を見出すのは、彼らが社内の人間関係や社内外の政治的なしがらみなどを理解していないことにあります。

経営者を含めた社内の人材は、それまでに社内で共有されてきた「価値観」「慣習」「マニュアル」に無意識的に囚われるうえに、人間関係や政治的なしがらみにも縛られるために、経営課題の分析において歪みが生じたり、改革案に手加減を加えたりしがちです。

一方、そうしたしがらみから自由で、社内の「空気」を読む必要のない外部のコンサルタントは、遠慮なく「本質論」「正論」を提示することができます。そのため、全体状況を把握している経営者からすれば、「やっぱり、そういうことか」と腹落ちする戦略提案をしてくれることが多いのです。

コンサルタントの「戦略」には、明らかな「限界」がある

ただし、そこがコンサルタントの限界でもあります。

なぜなら、彼らは、会社の現場の「どうしようもない現実」や、組織に自然と生じるセクショナリズムや派閥などの「社内政治の現実」を知らないがゆえに、彼らが提案した戦略を、そのまま「実行」しようとすると、社内に大きな軋轢を生み出し、改革が頓挫《とんざ》することが多いからです。

それどころか、そのような戦略を無理やり推し進めようとした結果、そこで生じた軋轢によって組織がガタガタになり、レームダック（死に体）になることすらありう

るのが現実です。

つまり、経営の当事者でもなければ、経営責任も負わないコンサルタントだからこそ、「本質」をついた戦略提案ができるのですが、その戦略には「現実」が反映されていないため、それを〝丸飲み〟したときに、改革は失敗が決まったも同然ということになるわけです。

にもかかわらず、コンサルティング会社のなかには、コンサルティング契約のなかに、その会社が提案した内容を一切修正してはならないという趣旨の条項を入れるところがあります。

これには、私は非常に批判的で、外部のコンサルタントの提案は必然的に「実行性」に乏しいものになるのだから、「現実」との妥協を図りながらも、「改革の果実」を実現できるように慎重かつ適切に修正することこそが、経営改革を成功させる必須の条件だと主張してきました。

そもそも、誤解を恐れず言えば、「経営分析」をして、「課題」を抽出し、その「課題」を解決するという「戦略」を策定するということ自体は、それほど難しいことではありません。「分析力」「論理思考力」などの知的スキルを訓練することによって、ある程度の水準の仕事はできるようになるものです。

それよりも難しいのは、その「戦略」を実行することです。

社内外の関係者の複雑にからみあった利害関係、従来の商慣習などのしがらみ、何をやろうとしても現れる抵抗勢力など、さまざまな軋轢を乗り越えていき、具体的な「成果」を上げるところまでもっていくのが最も難しいことなのです。そして、これこそが「経営力」なのだと思うのです。

戦略は「立案」よりも、「実行」が圧倒的に難しい

ある人物の印象的な発言が記憶に残っています。

その方は、大手のコンサルティング会社で大活躍をされたのちに起業され、数多の

試練を乗り越えて、その事業を大成功に導いた人物ですが、次のような趣旨の発言をされているのを記事で見かけたのです。

「コンサルタント時代には、私がいくら完璧な戦略をまとめても、クライアントの経営者がそれを実行できず何度も頓挫した。あの頃、私は内心で『経営者がバカだからうまくいかない』と思っていたが、間違っていたのは私です。実際に経営をやってみると、組織を実際に動かすことの難しさを思い知らされた」

これには、私も深く頷きました。

まさにそのとおりで、「戦略立案」から「戦略実行」へと移るのは、まるで安全な岸辺から、広く深い激流へと足を踏み入れて、もみくちゃになりながら対岸（ゴール）へと向かっていくようなものだからです。

ですから、コンサルタントがつくった「戦略提案」を一切修正してはならないなど言語道断だというのが私の意見です。

そもそも、コンサルタントはあくまでアドバイザー、提案者であって、その企業の経営責任は取れません。経営責任を取るのは経営者をはじめとする自社の人間のみです。にもかかわらず、経営責任を負わないコンサルタントの提案に縛られることなど、あり得ないでしょう。コンサルタントは「使う」ものであって、決して経営者が「使われて」はならないと心得るべきだと思います。

もちろん、「現実」との妥協に終始して、「戦略提案」の本質の部分までをも変質させるのでは意味がありません。

あくまでも、そこに示された「改革のゴール」は堅持しつつも、いかに「現実」との折り合いをつけながら、ソフトランディングの道筋を考えるか。そこを見極めながら、実行プランに調整を加えるところに、「経営手腕」が求められるのです。

現場は「葛藤」を抑圧するしかない

さらに問題なのは、コンサルタントが戦略提案をするのみならず、「実行」まで請け負うケースです。これは、より大きな問題を生み出す可能性があると認識しておく必要があります。

注意点は二つ。ひとつ目は、コンサルタントが実行まで請け負う場合には、契約を短期限定とし、定期的に定量・定性評価（あとで触れますが、「定性評価」がきわめて重要です）を厳密に行うべきです。二つ目は、実行段階では、コンサルタント自身の関与を最低限にさせて、できる限り自社の人間で実行すべきだということです。

最悪なのは、長期契約にしたうえに、時間の経過とともに、コンサルタントに「丸投げ」「お任せ」にしてしまうことです。契約時は、経営者も強い関心をもっていますが、時間の経過とともに関心が薄れていってしまうのです。

その結果、コンサルティング会社がかなりの人間を社内に送り込み、現場がコンサルタントの指揮下に入ってしまうことがあります。いわば、現場が乗っ取られたようなもので、こうなってしまえば、組織には非常に深刻な問題が生じる可能性が高くなると言えるでしょう。

そもそも、外部のコンサルタントが現場に入って指揮するのは、非常に難易度の高いプロセスです。

なぜなら、知らないコンサルタントがいきなりやってきて、自分たちの仕事に対して「ああだ、こうだ」と言われるだけでも、現場の従業員にとっては非常に不快なことだからです。

その現場で長年経験を積んできた誇りもありますから、〝エリート然〟としたコンサルタントがいくら理屈の通ったことを言ったとしても、内心では「どうして、こんな素人に偉そうに言われなきゃいけないんだ」という反発心が生まれるのも自然なことでしょう。


それは、私自身、入社2年目でタイ工場に赴任して、在庫管理について「ああだ、こうだ」言ったことで、タイ人従業員から猛反発を食らった経験から、生々しく想像できることです。

ところが、自分たちの職場の業績が悪いのが現実ですし、だからこそ経営者はコンサルタントを送り込んできたわけですから、あからさまにコンサルタントに反発することはできません。だから、こうした葛藤とストレスを押し殺しながら、現場の従業員たちはコンサルタントと向き合わざるを得ないわけです。

コンサルタントが、「現場」を壊すメカニズム

しかも、場合によっては、経営改革の一環として、社員たちは「給与削減」といった不利益を被ることさえあります。

そのときには、さらに深刻な事態を招くでしょう。社員たちにすれば、その「給与削減」も、コンサルタントの発案だと理解するでしょうから、言葉を選ばずに言えば、職場を仕切り始めたコンサルタントは〝敵〟にしか見えません。

そして、自分たちが不利益を被りながら、一生懸命に働いて業績が回復したときには、その〝敵〟の手柄になるように感じられるわけです。まともな従業員たちは、もともと「なんとか業績を回復させなければ」という気持ちで頑張っていたはずですが、その気持ちが萎《な》えても仕方がない状況に陥りかねないのです。

一方、現場に送り込まれたコンサルタントにすれば、「結果」を出さなければ契約を打ち切られるおそれがあります。

だから、本来は、従業員たちと丁寧なコミュニケーションを重ねることで、士気を高めなければならないのですが、それは極めて難しいことですし、それをやるだけの時間もありません。

そこで、士気の上がらない従業員たちを力づくで動かして、「結果」を〝絞り出す〟ようなことをし始める可能性が生じます。あるいは、徹底したローコストオペレーションで、現場を疲弊させながら、利益を〝絞り出す〟かもしれません。

だからこそ、先ほど触れたように、コンサルタントの「成果」について、定量的評価だけではなく、定性的評価に注意を払う必要があるのですが、コンサルタントに「丸投げ」「お任せ」にしている経営者には、そんな現場の「現実」などわかるはずもありません。

そのため、「見た目の数字」が出ていることを評価した経営者は、コンサルタントと契約を継続させて、結果的に「長期契約」になることがあるわけです。これは、現場にとっては、「絶望的」というしかない状況でしょう。

そして、経営者が全く気づかないまま、現場は疲弊の度を深め、長期的・持続的に「成果」を生み出す土壌そのものが完全に崩壊するかもしれません。そうなれば、企業の弱体化は避けられないでしょう。一歩間違えると、このように恐ろしい状況が招き寄せられるのです。

会社が「意思のない烏合の衆」へと堕落する

私は、実際にそうした惨状を目の当たりにしたことがあります。

かつて、経営が悪化した海外企業を買収し、経営統合に動き出したばかりの頃のことです。実際に経営統合を開始するにあたって、調査チームがその会社の実態を調査したのですが、調査結果の報告会において発表された「総合評価」が驚くべきものだったのです。

調査チームのメンバーは異口同音にこう主張しました。

「率直に言って、経営のオーナーシップを失った執行担当の経営層は、自分の頭で考えない、自分の意見をもたない、発言しない、無責任の烏合の衆になっている」

そして、そのような状況を生み出した原因のひとつが、「経営改革」と称して、何社ものコンサルティング会社が現場に入り込んで、結果的に経営を弱体化させるような〝改革プロジェクト〟を、彼らの指導のもとに何年もの間、延々と続けていたことにあると結論づけたのです。

そこで何が起きていたのか、私には生々しく想像できました。

経営者がコンサルティング会社に〝丸投げ〟をしたことで、現場の士気が致命的に低下したのでしょう。士気がなければ、「自分の意見」も「責任」も何もかも失うのも当然。むしろ、でかい顔をして社内を闊歩するコンサルタントたちの言いなりになったほうが楽なのです。

その結果、歴史ある大会社が、自らの意思を失った〝死にかけた巨象〟になっていたというのですから、実にショッキングな報告でした。そして、その会社との経営統合を始めるにあたって、まず第一に、「経営改革」を担当していたコンサルティング会社との契約をすべて破棄するところから着手しなければならなかったのです。

だから、コンサルタントに仕事を依頼するときには、くれぐれも注意しなければなりません。

コンサルタントは「使う」ものであって、経営者や会社が「使われ」てはならない。意思決定や実行のオーナーシップは「使う側」が堅持しなければならない。この原理原則を手放してしまったとき、会社は「意思のない烏合の衆」へと堕落して、根本から腐っていくおそれがあるのです。

第4章

楽観的な「臆病者」であれ

不祥事

「トラブルは順調に起きる」と考える。

13

不祥事は「カビ」のようなもの？

どうすれば不祥事の起きない組織にできるのか？

これは、多くの経営者が頭を悩ませていることだと思います。

私自身、ブリヂストンのＣＥＯとして、不祥事を予防するために考えうる限りの対策を講じてきましたが、それでも不祥事を根絶することはできませんでした。正直なところ、己の無力を感じずにはいられませんでした。

みなさんは、「不祥事はカビのようなもの」という言葉を知ってるでしょうか？

起きた不祥事を徹底撲滅したとしても、さらに再発防止のためにありとあらゆる努力を重ねたとしても、気がついたら不祥事が起きている。それはまるで、風呂掃除をやってもやっても、いつのまにかカビが生えているようなもの……。そんな経営者の「嘆きの声」であり、私も同意せざるをえない言葉です。それほど、不祥事を根絶するのは難しいことだと痛感しているのです。

ただし、私なりに、不祥事の撲滅をめざして真剣に取り組んできた経験から、お伝えしておきたいことがあります。

それは、不祥事を起こさないように、社員たちに働きかけることが、経営者の役割ではないということです。もちろん、社内にはコンプライアンス教育に関するさまざまなプログラムがあり、私も社員たちにコンプライアンスに対する意識を高めてもらうように働きかけましたが、それだけで不祥事が減るほど簡単な話ではありません。

それはいわば、不祥事の責任を現場に押し付けているようなもの。それよりも重要なのは、経営者が自らを律することです。社員に何かを求める前に、まず自分を振り返ることが決定的に重要だと思うのです。

「トラブルが起きているから、仕事は順調だ」と考える

私が、第一に意識したのは、現場で発生したトラブルなどのネガティブ情報が、躊

躊躇なく経営に伝わる企業文化を築き上げることです。

現場がトラブルを隠そうとすることによって、水面下でトラブルはどんどん大きくなり、現場で抑えきれなくなったときに、問題は噴出。組織に大きな打撃を与える不祥事となるからです。

そのような事態を予防するためには、現場が安心してトラブル報告ができるようにすることが何よりも重要です。ただし、それは現場に求めることではありません。経営側が、トラブル報告をした現場を責め立てるような「愚行」をやめることが、すべての出発点なのです。

当たり前ですよね？

経営に一方的に責め立てられることがわかっているのに、積極的にトラブル報告をするはずがありません。あるいは、現場で抱えられなくなって、問題が噴出したときにも、現場は少しでも責任を免れようと、〝釈明報告〟に膨大な労力を費やし、肝心なトラブル対応に着手するのが後回しになりかねません。

そのようなことを避けるためには、経営がトラブル報告がされたことをポジティブに捉え、現場とともに問題解決に向けて全力をあげることが重要です。もちろん、問題が解決したあとで、責任の所在を明確にする必要はありますが、それも、誰かを責め立てるのが目的ではなく、あくまでも正しい再発防止策を講じることを目的にすべきです。

だから、私はCEOに着任して早々に、「トラブルは順調に起きる。仕事をしていれば必ずトラブルが起きる。いや、トラブルが起きているからこそ、仕事は順調だと考える」と宣言しました。

ビジネスというものは、どんなに完璧を期したとしても、こちらの見込みどおりには進まないものです。仕事をしていれば必ずトラブルは起きます。ましてや新しいことを始めるときには、すんなりとうまくいくことのほうが例外なのです。

そして、部下から「よい報告」を受けたときには、「そんなはずはない。順調にトラブルは起きるもんだ。そんな報告は信じないよ。第一、よい報告は必要ない。悪い報告でなければ報告とは認めない」と返事することを徹底しました。

これに最初はみんな驚いていましたが、ＣＥＯである私がそう言い張るものだから、部下たちは仕方なく、特段のトラブルがなかったとしても、ちょっと気になることを教えてくれるようになりました。

それに対して、「そうか、それでどう対応しようとしているの？」と冷静にコミュニケーションを図って、解決策を共有すれば、部下たちも「これなら、トラブル報告をしても大丈夫。むしろそのほうが得だな」と思ってくれるようになります。

そして、だんだん「社長によい報告は不要。もっぱらトラブルを報告すればいい。そうすれば一緒に解決策を考えてくれる」という口コミが社内で広がっていったのです。このとき初めて、不祥事が起きにくい企業文化が芽生えるのだと思います。

「余人をもって代え難い人材」をつくってはならない

あるいは、不祥事が起きにくい「仕組み」をつくるのも経営の責任です。

もちろん、会社の公金を横領したり、取引先からリベートを得たり、そうした不祥事を起こした社員に対しては、社内規定に従って厳しく対処する必要はあります。そうすることで、社内に規律をもたらすことは、組織マネジメントにおいて不可欠であることは言うまでもないでしょう。

しかしながら、こうした不祥事を起こした社員の責任を追及するだけでは足りません。それと同時に、こうした不祥事が起きるような「仕組み」を放置していた経営側の責任も強く認識する必要があります。

人間は弱い存在です。どんなに立派な人間であっても、魔がさす瞬間というものはあるはずです。であれば、たとえ魔がさしたとしても、不適切な行動をとることができない「仕組み」を、経営側の努力でつくっておくべきでしょう。

たとえば、「余人をもって代え難い人材」をつくってはなりません。なぜなら、定期的な人事ローテーションが組まれていれば、後任に不祥事がバレるリスクが高いため、不適切な行動を自ら抑止することが期待できるからです。

ところが、「余人をもって変え難い人材」は人事ローテーションの枠外に置かれますから、抑止力が働きにくくなります。そのため、そのようなポジションにおいて、不祥事が発生しやすくなるのです。

このようなリスクを発生させないためには、どんなに特殊な業務であったとしても、必ず人事異動の対象とし、複数の人材を育成することで、「余人をもって代え難い人材」に任せきりにしないような「仕組み」をつくっておくべきなのです。

これはほんの一例です。

このような「仕組み」は、ほかにもいろいろ考えられるでしょう。一度、こうした不祥事が起きると、株主をはじめとするステークホルダーに多大な迷惑をかけることになりかねないのですから、そのような「仕組み」をつくっておくことは、経営の社会的責任と言っても過言ではないのです。

経営トップが「原理原則」を死守する

もっと大切なことがあります。

経営者が最も注意しなければならないのは、経営の「原理原則」を一切の妥協なく厳守することです。これは口で言うのは簡単ですが、実行するのは決して簡単なことではありません。

しかし、難しいからと言って、「原理原則」を厳守することから逃げた瞬間に組織は必ず弛緩《しかん》します。そして、とめどなく不祥事が生じる土壌がいとも簡単に出来上がってしまうのです。

だから私は、ブリヂストンCEOとして「原理原則」を徹底してきました。

たとえば、安全第一。世界中の工場には「安全第一」という標語がデカデカと掲げられています。これは、当たり前のことです。「生命を大切にする」のは企業活動の最も根底に据えるべき原理原則です。

社員を危険にさらしながら、利益を追求するなど人道にもとること。そんな会社で誠実に働いてくれる人などいるはずがありませんし、万が一にも事故が起きれば取り返しがつきません。社会的にも厳しい制裁が科せられるでしょう。

怖いからこそ「腹」をくくる

ところが、これを実現するのは簡単ではありません。

どの工場でも、安全第一が重要事項であることは認識されており、活発な安全活動が進められていますが、それでも「完全安全」を実現するのはきわめて困難なのが実情です。

どんなに丁寧に「安全性」の重要性を伝えても、従業員によって「安全意識」にムラが生じてしまうなど、微妙かつ複雑な事情が絡み合っているため、なかなか思うようにはいかないのです。

工場の設備もそうです。

これには、端的に言うと「お金」がかかります。危険な工程をなくすために、個別の設備改修を行うだけでも、工場設備の数が多いために、かなりの資金を投入する必要があります。

あるいは設備を丸ごと買い替える必要があるかもしれないし、工場そのものをつくり直す必要があるかもしれない。そうなれば、桁違いの投資が必要です。つまり、「安全第一」と「利益」という相反する価値がぶつかってしまうわけです。この厳しい現実を、私は長年の工場経験から身にしみて学んでいました。

だから、私はCEOに就任したときに腹をくくりました。

どんなに「利益」が圧迫されても、「安全第一」と言うからには、「利益」よりも「納期」よりも何よりも「安全」を最優先する、と。自分自身がブレるのが怖いからこそ、「腹」をくくったのです。そして、この「択一」のメッセージを全社に明確に発信しました。

社員は「経営者の真贋《しんがん》」を鋭く見抜く

その後、ある工場で設備が故障したことがあります。

生産をストップすれば、他の工程にも影響が出るため、場合によっては億単位の損失が発生しかねない。そして、生産をストップさせないためには、標準作業外の危険を伴う人力作業をせざるをえない。そのような報告がもたらされたのです。

もちろん、私は即座に生産ストップを指示。「いかなる場合でも安全第一。安全確保のためなら、損失額はいくらになっても全く気にしなくていい。すぐに生産を止めること。また、安全のために計画を立てて、大きな投資も積極的にやっていく」と改めて明言しました。

多額の損失を出したり、投資額が膨らむことは、経営的にはネガティブではありますが、「原理原則」を踏みにじることで組織に与えるネガティブな影響のほうがよほど怖い。だから、なんの迷いもなく、当然のこととしてこの指示を出したのです。

どんな理由であれ、経営者が「原理原則」をないがしろにした瞬間に、組織は弛緩します。経営者が、「安全」よりも「利益」を優先した瞬間に、誰も「安全第一」という原理原則を信用しなくなるのです。

しかも、これが「蟻の一穴」になります。

社員たちが、「なんだ、社長は口だけなのか」と心の中で軽侮することによって、「じゃ、俺だってこのくらいは許されるだろう」などと、あらゆる「業務上の遵守義務」がおろそかにされ始めるのです。

そして、一度、「易《やす》き」に流れた組織はとどまることを知りません。「あいつが許されたんだから、俺も大丈夫だろう」「あの部署でもやってるんだから、自分たちだっていいだろう」と規律は緩む一方。あっという間に、いつ不祥事が噴出するかわからない危うい組織へと転がり落ちていくのです。

だから、私は自分に何度もこう言い聞かせていました。

経営者は「原理原則」から絶対に逃げてはならない、と。

「生命を大切にする」「環境を大切にする」「嘘をつかない」「高い品質を保証する」など、当たり前の「原理原則」を愚直に守り続ける。それができたときに初めて、社員たちに課した「業務上の遵守義務」に内実が伴うのです。

経営が「原理原則」をおざなりにしておきながら、いくら熱心にコンプライアンスを社員たちに求めたところで意味はありません。

社員たちは、鋭い観察眼で経営者の「真贋」を見極めています。そして、経営者が一切の妥協なく「原理原則」を遵守する姿を認めたときにはじめて、社員たちも緊張感をもって「業務上の遵守義務」に向き合ってくれるようになるのです。

トラブル対応

楽観的な「臆病者」が最強である。

14

「トラブル対応」はシンプルである

不祥事にどう対処するか？

これも経営において重要なテーマです。

もちろん、不祥事が起きないように、平時から適切なマネジメントに細心の注意を払うことが重要ですが、残念ながら、どんなに用心をしていても不祥事は避け難く起きるのが現実です。これは、経営者として「そういうものだ」と腹をくくっておくべきことだと、私は思っています。

そして、不祥事が起きたときの対応いかんで、経営者の真価が問われると言っても過言ではありません。

過去を振り返っても、トップの対応ミスによって、たったひとつの不祥事をきっかけに没落していった企業は数多くあります。そこまでには至らなかったとしても、経営者が社内外との信頼関係を傷つけることで、深刻な後遺症を抱えることになったケースは、山ほどあるのではないでしょうか。

では、経営者は不祥事にどう対応すればよいか？

詳細に論じようとすれば、ゆうに一冊の本になるほどのボリュームが求められるテーマではありますが、そのエッセンスは極めてシンプルだと私は考えています。

要するに、「逃げない」「正直である」「嘘を言わない」「謝るべきは謝る」「解決に向けて愚直に行動する」といった、小学校で教わるような「人間としての基本（原理原則）」を徹底することに尽きるのです。

どんなに格好悪くても、どんなに責められても、この原理原則から踏み外すことなく、真正面から不祥事に向き合えば、そのときは〝暴風雨〟にさらされたとしても、必ず、世間は受け入れてくれます。これは、私自身が数々の痛切な経験から得た、揺るがない「確信」なのです。

身体中の細胞が、「その道は危ない！」と騒ぐ

私自身、ブリヂストンのＣＥＯとしてこんな経験をしました。

ブリヂストンのある製品の海外販売において、ひとりの担当者が国際的なカルテルに関与した疑惑が発覚し、その調査を進めるなかで、販売手数料の一部が現地の公務員に賄賂として渡った可能性があることがわかったときのことです。

ブリヂストンでは、違法な商行為には絶対に関与してはならないという、厳しい指針が徹底されていましたから、この不祥事が発覚したときには、たいへん驚くとともに、世界中の多くのグローバル企業に販売している製品であることからも、この事態をきわめて深刻に受け止めました。

ただ、その時点では、「社内コンプライアンス規定違反」であることは間違いありませんでしたが、販売手数料の「違法性」については「疑いがある」という段階でし

たから、担当役員が外部に公表するという対応方法も考えうる状況でした。

実際、このときには、一部の役員からは「わざわざトップである荒川さんが、記者会見に出る必要はありません」との進言もありました。いわば、社長である私に「逃げ道」を与えようとしてくれたわけです。

もちろん、いついかなるときも経営トップが記者会見に出るのが「正解」とは限りませんが、このとき私は、「この〝逃げ道〟に甘えたら、必ずのちに大きなトラブルになる」と考えました。

違法なカルテルに加え、公務員への賄賂までも認定されれば、関与した企業のみならず、複数の国の政府を巻き込んだ大騒動になるわけで、いまはまだたいした騒動になっていなくても、下手をすれば会社を焼き尽くすような〝大火〟になると考えたのです。

いや、「考えた」というよりも、身体中の細胞が「その道は危ない！」と騒いでいたというほうが的確な表現かもしれません。要するに、「その道」を行くのがものすごく怖いと感じたのです。

だから、私は、社内の必要手続を経たうえで、「大丈夫。誠心誠意の対応をすればわかってもらえるさ」と自分を鼓舞《こぶ》して、大げさではなく、会社の運命のかかった記者会見に臨むことにしました。

株価の上がる「謝罪会見」

そして、会見当日――。

極度の緊張を強いられましたが、正直に事実を公表し、謝罪したうえで、国内外の法律事務所が参加する第三者委員会を立ち上げて社内を徹底調査するなどの対応策について丁寧に説明しました。

記者からは鋭い質問も飛びましたが、包み隠さずすべて本当のことをお伝えするうちに、少しずつ「追及ムード」が和《やわ》らいでいくのを感じました。そして、大汗をかいた末に、なんとか会見を無事に乗り切ることができたのです。

驚いたのは、その後のことです。

多くのメディアは今回の不祥事を引き起こした背景について、的確であるがゆえに弊社にとって耳の痛い指摘はしつつも、強く非難するような論調は見当たりませんでした。それどころか、ある経済誌は、「株価の上がる謝罪会見」として取り上げてくれました。これは、思いがけない嬉しい驚きでした。

もちろん、国際的なカルテルですから、その余波は大きく、かなり長期間にわたって薄氷を踏むような慎重な対応を余儀なくされましたが、このときの初動対応が功を奏して、ステークホルダーの理解を得ながら、問題解決に向けて着実に歩を進めることができたのです。

トラブル対応において、「知識」は全く役に立たない

このような経験をしてきた私にとって、不祥事対応の原理原則はシンプルです。「逃げない」「嘘を言わない」など、小学生でもわかる「当たり前」のことを徹底することこそが大事。誤解を恐れずに言えば、不祥事対応とはたったそれだけのことな

のです。

しかも、こんなことは、「リスク・マネジメント」に関する本を読めば、最初の10ページほどで書いてあることですし、多くの会社では、役員に就任するといったタイミングなどで、こうした不祥事対応の「いろは」を学ぶ研修が義務付けられているのではないでしょうか。

にもかかわらず、不祥事対応を誤る経営者がいるのはなぜか？

私は、不祥事対応を「知識」としてもっているだけでは、いざというときには使い物にならないからではないかと思っています。

なぜなら、いざ不祥事が勃発《ぼっぱつ》したら、平常心ではいられないからです。

本当のところ何が起きているのか、全体の状況がわからないなか、一刻も早くなんらかの対応を打ち出さなければならない。疑心暗鬼に陥った社内外のステークホルダーからの追及に対応しながら、わずかなミスでも大炎上になりかねないメディア対応にも追いまくられる。しかも、対応に失敗したときは、経営トップである自分が矢面《やおもて》に立たなければならない……。

そんな立場に立たされたら、誰だって平常心など吹き飛んでしまうでしょう。かくいう私も、不祥事に直面したときは、心臓はドキドキし、いやな汗が流れ、正直、逃げ出したいような気持ちも湧き上がってきました。

これは、普段「かっこいい社長」を演じて、周りからチヤホヤされてきた経営者であれば、なおさらそうではないでしょうか。

もしかすると、肥大化した自己イメージを守るために、部下が用意した「逃げ道」に思わず駆け込んでしまうかもしれないし、思わず言葉巧みに言い繕《つくろ》うようなことをしてしまうかもしれない。本で読んだ「知識」や、研修で学んだ「知識」なんて、恐怖の真っ只中に置かれたら、簡単に吹き飛んでしまうのです。

「経験」を積み重ねて、原理原則を「身体」に刻みつける

だから、「知識」ではダメなのです。

先ほどのカルテルの問題が持ち上がったときに、私は、部下が用意してくれた「逃げ道」を前に、「身体中の細胞が『その道は危ない！』と騒いでいた」と書きましたが、まさにあのような感じで、原理原則が「身体」に刻まれ、いざというときには「頭」ではなく、「身体」が反応するくらいでなければいけないと思うのです。

そのために欠かせないのが「経験」です。

若い頃から、トラブルの渦中に身を置いて、なんとか解決するためにもがくなかで、当たり前の原理原則から外れたら、とんでもない事態に発展するという「怖い経験」をすることでしか、原理原則を「身体」に刻みつけることはできないと思うのです。

その「恐怖」を「身体」に刻みつけておけば、経営者になって未曾有《みぞう》の不祥事に見舞われて、逃げ出したくなったり、嘘をつきそうになったりしても、「身体」がそれに抵抗してくれます。

まるで「毒物」を飲み込んだときに、それを体外に吐き出そうと「身体」がえずくかのように、「逃げたり」「嘘をつく」ことに「身体」が抵抗するような感じです。このようなことは、「知識」をもっているだけでは起きえません。「経験」でしか身につけることができないものなのです。

それだけではありません。それ以上に大切なのは、愚直に原理原則に徹して対応すれば、どんなに難しいトラブルであっても、関係者の理解を得られるようになり、いつか問題は寛解《かんかい》していくことを「経験」することです。

この「楽観」を身につけることができれば、不祥事に直面して浮き足立ちそうになっても、自分を落ち着かせることができます。原理原則さえ守れば、必ず問題は解決できると腹の底から思うことができれば、だんだんと腹が据《す》わってくるのです。

〝ありえないトラブル〟に苦しめられた経験

その意味で、私は恵まれていたと思います。

というのは、若い頃から、さまざまな苦難に見舞われてきたからです。

すでに述べたように、入社2年目で、当時、立ち上げの真っ只中にあったタイ・ブリヂストンの工場に配属。社会人としての経験も不十分ななか、いきなり異国に放り込まれたうえ、在庫管理、労務管理、法務対応など、経験も知識もない仕事を次々と任されました。

しかも、立ち上げ真っ只中だから、上司は自分の仕事だけでキャパオーバー。結果、右も左もわからない私は、たったひとりで次々と襲いかかるトラブルに立ち向かっていくしかなかったのです。

たとえば、こんなことがありました。

私が26歳で、倉庫長を務めていたときのことです。

タイ・ブリヂストンがトラック・バス用タイヤの新商品を出したのですが、当初、あまり売れなかったために、在庫がどんどん増加。自社の物流倉庫だけでは追いつかなくなったため、やむをえず、メナム川の河岸の物流倉庫の一隅を借りて、そこにそのタイヤを保管することにしました。

ところが、しばらくすると、営業部門のインセンティブ付き販売促進策の効果が出て、その商品が急に売れ始めました。それに対応すべく、河岸の倉庫から総動員で出荷していったのですが、それが、全く想定外のトラブルを引き起こしたのです。

出荷先の多くのタイヤ・ディーラーから、「お前のところのタイヤに穴が空いてるぞ！　どういうつもりだ！」という強烈なクレームが次から次へと押し寄せてきたのです。タイヤは品質検査合格品のみであり、社内規定に則って適切に管理していましたから、そんなわけはない。私には、何が起きているのか皆目わかりませんでした。しかし、返品されてきたタイヤを確認すると、たしかにぽつぽつと穴が開いている。しかも、明らかに虫に食われた穴でした。一体どういうことだ？　タイヤを食う虫なんて聞いたことがない。呆然と戸惑うばかりでした。

「厳しい叱責」の矢面に立たされる

私は河岸の倉庫に通い詰めて、原因究明に努めました。

すると、驚くべきことがわかりました。河岸の倉庫には、別の業者がトウモロコシの粉を大量に保管していたのですが、その業者のスペースと我々のスペースの間に仕切りがありませんでした。

その結果、風で飛ばされたトウモロコシの粉がタイヤについたことで、〝トウモロコシ味付きタイヤ（！）〟が出来上がり、蟻がタイヤまでをもかじっていたのです。おそらくこんなことは、世界中でも前代未聞の出来事だったと思いますが、そんなことは一切の言い訳になりません。

ディーラーからは厳しい叱責を受け、代替品の早期送付や損失補償の要求をつきつけられ、大切な新商品を傷物にしてしまった倉庫長である私は、社内でも「どう解決するのかナ。見ものだナ」と冷ややかな目にさらされていました。

もちろん、私はすぐに代替品の出荷手続きを進めましたが、これが困難をきわめました。というのは、当時は伝票発行も配送手配もすべて手作業だったからです。

しかも、物流網も非常に貧弱で、地方配送は多数の個人運送屋との伝票ごとの直接契約。それも地域ごとに縄張りがあるため、リレー形式で届けるという複雑なものになっていました。このように、おそろしく人手も時間もかかるために、平常時においても地方のディーラーに届くまでに何日もかかっていたのです。

それに、このタイヤは一定期間に限って販売促進のためのインセンティブが付いているものでしたから、時間的制約が強かったという事情もありました。タイヤ販売は競争ですから、ディーラーは誰よりも早く「玉」を受けとり、早く売りたいのですから、代替品の早い着荷を矢のように催促して来るわけです。


また、保険会社との交渉も難航をきわめました。

当然のことながら、倉庫に入れたタイヤには保険をかけていたのですが、「タイヤが蟻に食われた」などという事態は、保険会社にとっても想定外。「そんなケースは聞いたことがない」「当保険のカバー範囲外」となかなか保険金の支払いに応じてはくれませんでした。


その間も、ディーラーや会社からは、「損失補償はどうなるんだ?」と催促はひっきりなしに届きます。これはキツかったですね。

倉庫長とは言え、社会人3年目、ビジネス経験に乏しく、タイ語も英語も未熟で、ひょろひょろに痩せた私には、逃げ道もなければ、言葉巧みに言い繕うような芸当もできません。ただひたすら頭を下げて、正直に事情を説明して、問題解決のために愚直に行動することしかできませんでした。

「あらゆるトラブルは必ず解決する」という楽観を育てる

「なんで、こんな目にあわなきゃいけないんだ……」

何度もそう思っては、落ち込んだりもしましたが、すべての関係者に誠実な対応を続けた結果、あるときを境に一気に解決へと向かい始めました。若造だった私を憐れんでくれたのか、保険会社の担当者も私の主張に寄り添ってくれるようになり、社内を説得して保険金の支払いを決めてくださったのです。

こうしてこの前代未聞のトラブルは解決へと向かっていきました。

そしてこれを境に新米の私の状況は一変。困難な中での早期の代替品出荷や営業部門からのしかるべき損失補償につなげることで、ご迷惑をおかけしたディーラーとの関係性が改善するどころか、この間、正直に対応したことを評価してくださったディーラーも多く、私を信頼してくださる方も現れたのです。

もちろん、社内でも名誉回復がなされ、「よくやったな」と褒めてくれる上司もいました。このときは、ずいぶんと苦しい思いをしましたが、逃げたり、嘘をついたりせず、誠心誠意問題に向き合えば、なんとかなるという「楽観」を体感することができました。これは、私の人生にとって、非常に大きな意味をもったように思います。

私は、若い頃からこのような経験をたくさんしてきました。

どういうわけか、トラブル・シューティングを任されることが多く、「火中の栗」を何度も拾わされてきたからです。キャリアを積んで、それなりの職位に就いてからは、世界を舞台にしたより深刻な問題にかかわるようになりましたが、不祥事対応の原理原則に変わりはありませんでした。

「逃げない」「正直である」「嘘を言わない」「謝るべきは謝る」「解決に向けて愚直に行動する」といった基本を徹底する。これは、国家、人種、宗教を問わず、ユニバーサルに通用する原理原則であり、徹頭徹尾これを貫くことで、あらゆる問題は解決へと向かうのです。

そして、経営者には、この「楽観」が不可欠です。

どんな不祥事に見舞われても。逃げたり、言い繕ったりせず、誠心誠意を尽くすことで、必ず、問題を乗り越えることができると腹が据わるからです。逆に、この「楽観」が身についてない経営者は、ちょっとした不祥事でも平常心を失い、いとも簡単に原理原則から逸脱して、取り返しのつかないミスを犯してしまうのです。

ただし、年月をかけないと、この「楽観」を身体に染み込ませることはできません。経営者になってから、急拵《きゅうごしら》えで身につけられるようなものではないのです。

その意味で、若い頃から苦難に直面するのは、実は幸運なことかもしれません。現場でもみくちゃにされながら、苦難を乗り越える経験ができることこそが〝エリート街道〟であり、不祥事をたくましく乗り切る力を備えた「経営者」を育てるのだと私は考えています。

転がり始めたボールは、「壁」にぶつかるまで止まらない。

15

「ホワイトゾーン」から出てはいけない

「時にはハンドをしてでも、ゴールを狙うべきときがある」

かつて、あるグローバルに事業を展開しようとしていた、ＩＴベンチャーの経営者がそう語っているのを耳にしたことがあります。ビジネスをサッカーに喩《たと》えて、「時にはハンド（ルール違反）をしてでも、ゴール（成功）を狙うべきときがある」とおっしゃったわけです。

おそらくこの言葉には、「グローバル・ビジネスは生き馬の目を抜く過酷なものだ」という含意《がんい》があったはずで、その点については、参入規制が一切ないタイヤ業界でグローバル・ビジネスを戦ってきた私も深く頷《うなず》きます。

しかし、その前提に同意したとしても、「ハンドをしてでも、ゴールを狙う」という言葉に私は賛成できません。というよりも、ブリヂストンのＣＥＯとして、私は常々、「グレイなことをしなければ成功できないようなビジネスならば、そんな仕事はやらなくていい」と明言していました。

あるいは、ジョイント・ベンチャーを組んだり、ベンチャー企業を買収したりする時には、対象となる企業が「ハンドをしてでも、ゴールを狙う」という経営姿勢であると認められた時には、絶対にそれを認めることはありませんでした。

なぜなら、たった一度でも、「ハンドをしてでも、ゴールを狙う」という判断をしてしまった企業が、クリーンな経営姿勢（ホワイトゾーン）に立ち戻ることは至難のわざだからです。

むしろ、当初はグレイゾーンの領域だったにもかかわらず、時間の経過とともに、徐々にブラックゾーンに近づき、気がついたときにはブラックゾーンにどっぷり浸かっているようなケースが多いのが現実。そして、あるとき取り返しのつかない不祥事を引き起こし、経営の存続すらも危ぶまれるような事態に直面させられるおそれがあるのです。

組織には「慣性の法則」が働く

なぜ、そうなるのか？

組織には「慣性の法則」が働くからです。

つまり、一度なされた重要な経営判断によって、組織全体の行動規範のようなものがある程度固定され、そのままの状態がずっと続くということ。一度、「安易な道」を選べば、それ以降、組織全体が「易き」に流れるという「慣性の法則」が機能し始めるわけです。

そして、経営は常に「易き」に流れる誘惑とともにあります。

実際、自社が厳しい競争環境に置かれたときに、ホワイトゾーンで勝ち抜くのが難しいのは事実です。しかも、ライバルが「ハンドをしてでも、ゴールを狙う」という姿勢であれば、なおさらハードルは上がるでしょう。

つまり、「ハンドをしてでも、ゴールを狙う」という安易な方向に流れたほうが、短期的には、企業の生存確率は上がるということ。そのため、ホワイトゾーンに踏みとどまって厳しい努力するよりも、グレイゾーンに足を踏み入れたほうがいいという、「強い誘因」が働くのです。

そして、一度、グレイゾーンに足を踏み入れることによって「成功体験」をすると、難易度の高いホワイトゾーンでの成功をめざすよりも、安易な道を選ぶという「慣性の法則」が機能し始めます。

この「慣性の法則」はきわめて強固です。

組織のタガが緩んだことに危機感をもった経営者が、社内にあの手この手で働きかけても、組織をホワイトゾーンに戻すことに成功するケースはきわめて限定的だと思います。ホワイトゾーンからグレイゾーンへ、グレイゾーンからブラックゾーンへと足を踏み入れるのは簡単ですが、それに逆行するのはきわめて困難なのです。

ある方向に転がり始めたボールが、壁にぶつかるまで一直線に転がり続けるように、「安易な道」を進み始めた組織も、壁にぶつかるまでその方向にまっすぐ転がり続けるものなのです。

「グレイゾーン」で成功すれば、いずれ「ブラックゾーン」に至る

なぜ、組織の「慣性の法則」は強固なのか？

私は、組織に内在しているメカニズムに原因があると考えていますが、ここでは特に重要な二つのポイントについて指摘しておきたいと思います。

第一に、その企業の構造が、グレイゾーンにおけるビジネスに最適化されてしまっていることがあります。そのため、ホワイトゾーンに移行することによって、経営に深刻な悪影響をもたらすおそれがあるのです。

たとえば、グレイゾーンからホワイトゾーンに移行することによって、ライバル企業に対する優位性を維持することができず、市場のシェアをシュリンクさせてしまう可能性があるでしょう。

あるいは、ホワイトゾーンでビジネスをしようとすれば、どうしても手間や経費は増えるはずですから、既存の事業構造や組織構造を維持することができなくなるおそれもあるかもしれません。

誤解を恐れず、極端な表現をすれば、グレイゾーンからの脱却をしようとすると、「社長、おっしゃることはわかりますが、儲からなくなりますよ？　それでいいんですね？」といった社内外からの無言の圧力にさらされることになるわけです。

そのため、よほど別の事業で好業績を上げているなど、経営余力のある時でなければ、ホワイトゾーンに回帰する決断をするのは、かなり難しいでしょう。現時点において、一応のところうまく回っているビジネスに根本的な修正を加えることには、どうしても慎重にならざるをえないメカニズムが働いているのです。

いや、むしろ、こう言うべきでしょう。

目先の利益を稼ぐために、いま立っているグレイゾーンよりも、よりブラックに近い領域に足を踏み入れる誘因のほうがはるかに強い、と。「メシを食っていくためには、綺麗事ばかりは言っていられない」という便利な言葉を言い訳に、その誘惑に負けていくのが自然な流れなのです。

なぜ、組織は「改革」に抵抗するのか？

第二に、「人事」の厄介さも指摘しておく必要があります。

グレイゾーンのビジネスで成長した会社には、当然のことながら、グレイゾーンで「結果」を出した従業員がいるということにほかなりません。

そして、多くの場合、「結果」を出して、企業に多大なる貢献をした従業員は、それに応じたしかるべき役職に就いているはずです。さらに、そういう従業員は一定の影響力を発揮して、社内にそれなりのフォロワーがいるのではないかと思います。

つまり、グレイゾーンのビジネスから訣別《けつべつ》しようとすると、彼らのこれまでの仕事を否定することになるわけです。

もちろん、経営者としては、彼らが自らの意思で、「グレイゾーンから訣別して、ホワイトゾーンで頑張る」という決意をしてくれるように、粘り強いコミュニケーションをすることはとても大切なことです。

あるいは、カリスマ性のある経営者であれば、〝鶴の一声〟で、彼らの気持ちをガラッと変えるだけのパワーがあるのかもしれません。

しかし、これもかなり困難なのが現実です。

人間というものは、自分の成功体験を否定することに強い抵抗を感じるものだからです。

想像すれば誰でもわかるはずです。私たちはなんらかの成功体験によって、組織や他者からの「承認」が得られ、ビジネスパーソンとしての「自信」ももたらされています。いわば、成功体験とは心の拠り所であり、これを手放すことには深刻な精神的なリスクが伴うのです。

それだけに、多くの場合、ホワイトゾーンへの移行には、社内的に強い抵抗を伴うことになりがちです。

どうにも埒《らち》が明かない場合には、人事権を行使して役職を剥《は》ぎ取《と》るほか手段がないというケースもあると思いますが、過去に会社に多大なる貢献をした人物を降格させるとなると、そこには確実に遺恨《いこん》が残るでしょう。

しかも、その人物の影響を受けたフォロワーも一定数いるとすれば、新たに昇格した「それまでは異なる価値観をもつマネージャー」が現場との関係を構築するのにも困難が伴うことになりかねません。このように、グレイゾーンのビジネスによって行われてきた「人事」が、改革に対する強力なブレーキとして機能してしまうのです。

組織に内在する「メカニズム」を熟知する

経営者は、こうした組織のメカニズムについて熟知しておく必要があると思います。ひとつの経営判断をする時に、それが組織にどのようなメカニズムをもたらすのかを、解像度高くイメージできるかどうかは、その経営者の実力を大きく左右すると思うのです。

そして、組織のなかでさまざまな経験をすることで、そのメカニズムを熟知しているならば、「ハンドをしてでも、ゴールを狙う」という判断は怖くてできないはずではないかと、私は思います。

これまで論じてきたように、一度、グレイゾーンに足を踏み入れたら、組織メカニズムの歯車が回り出し、そこから抜け出すことがきわめて困難な状態に陥ることが想定されるからです。

だから、私は、ブリヂストンのCEOとして、ブラックゾーンは言うまでもありませんが、グレイゾーンにも足を踏み入れてはならないことを、絶対に揺るがしてはならない原理原則と明言していました。

すでに述べたように、社内からどんなに魅力的なビジネスが提案されても、少しでもグレイゾーンにはみ出るようなものであれば、「そんなことをしなければ成功できないようなビジネスならば、そんな仕事はやらなくていい」とはっきりと伝えました。

実際に、事業撤退を決断したこともあります。

すでに述べたように、国際的にかなり大きなビジネスとなっていた事業の担当者が、カルテルに関わっていたことがわかり、会社を揺るがす一大事に発展したことがありました。

その後、厳密な状況調査を行った結果、そのビジネスが置かれた状況から、カルテルに関わらなければ利益を出すことができない構造になっていることがわかったため、私は、社内の正規手続きを踏んだうえで、その事業からの撤退を決定。世界約14万人いる社員・従業員に対して、「我が社はホワイトゾーンでしかビジネスをしない」という原理原則を改めて明示したのです。

第5章

「平々凡々」こそ経営の極意

企業理念

組織の「常識」を磨き上げる。

16

「常識にとらわれるな」は本当か？

「常識」にとらわれるな――。

こうした言葉が頻繁に使われるようになっていることに象徴されるように、近年、「常識」というものが軽視されるようになったと実感しています。

そして、私としては、そのことに対して若干の心配をしています。というのは、「常識」というものを共有していなければ、私たち人間は、他者と共存しながら社会生活を営むことができないのではないかと思うからです。

もちろん、「常識」という言葉の定義にはさまざまなものがあります。

そして、これを「ある社会で共有されている固定概念」といった定義で使うならば、私も「常識にとらわれるな」という言葉には同意できます。世の中は常に変化していますから、「固定概念」に囚われていては、その変化に適切に対処できなくなるのは当たり前のことだからです。

しかし、私のなかでは、「常識」と「固定概念」は全く異なるもの（むしろ、水と油ほど違う）なので、「常識にとらわれるな」という言葉を耳にすると、どうしても違和感が拭えないのです。

ルールの「網の目」を「常識」が埋めている

たとえば、私が「常識」という言葉を使いたくなるのはこんな場面です。

私の部下AがSNS上で取引先を揶揄《やゆ》しているとも取れるコメントを書いたとしましょう。

そして、その取引先と仕事をしている社内の担当者Bが、そのコメントを発見して激怒。「このコメントを取引先が見たら、どうするつもりだ？　すぐに消せ！」と要求してきたのを受けて、Aがこんな反論をしたとしましょう。

「どうしてですか？　私には取引先を揶揄する意図はありませんし、SNSで取引先のことを書いてはならないという社内ルールもありませんよね？」

このような場面で、私は「常識」という言葉を使いたくなります。

「君の意図にかかわらず、取引先が揶揄されたと感じたら、間違いなくトラブルになるよ？　そうなったら、担当者のBさんにはたいへんな迷惑をかけることになるし、会社に損害を与えることにもなりかねない。

それに細かいことまでルールで規定することはできないんだよ。社内規定にある『自社の信用を維持し、取引先等に迷惑をかけない』という一文を踏まえれば、取引先との関係性を傷つけかねない言動は慎むのが常識だと思うよ」

これはあくまで仮定の話ではありますが、このように「ルールに書いてないから、問題ないでしょう？」という言い方に遭遇したときに、私は「常識」という言葉を持ち出したくなるのです。

人間が社会生活を送るためには、国・自治体・組織などさまざまなレベルでルールが設けられ、それに従った言動をすることが求められますが、ありとあらゆる状況を想定して、そのすべてにルールを定めるなどということは物理的に不可能ですし、そうすべきものでもありません。なぜなら、そんなことをしたら、ルールにがんじがらめになって、状況に応じて臨機応変に対応することができなくなるからです。

つまり、ルールとは「網の目」になっているものであって、目と目のすき間を埋めているのが「常識」ではないかと思うのです。いや、もしかすると、長い歴史のなかで自然に培われてきた「常識」という基盤があるからこそ、その上にルールというものが成立しうるのかもしれません。

「常識」がなければ、「協力関係」は成立しない

これが、私が「常識」に対してもっているイメージです。

ですから、「常識」という言葉にはさまざまな定義がありますが、私がしっくりくるのは、ある辞書に書いてある「一般の社会人が共通にもつ、またもつべき普通の知識・意見や判断力」という定義です。

私なりに、この定義を噛み砕くとこうなります。

人類は、人間同士が協力し合うことで繁栄してきましたが、そのためには、協力関係を安定的に維持発展させるための「知恵」が不可欠です。だから、私たちの先人は、長い歴史のなかで、その「知恵」を営々と蓄積してきたのではないでしょうか。ただし、その「知恵」をどちらか一方だけがもっていても、協力関係は築けません。協力関係を維持発展させるためには、その「知恵」を「一般の社会人が共通にもつ」ことが不可欠なのです。

だから、先人たちは、話し合いや教育などを通じて、数百年、いや数千年をかけて、協力関係を維持するための「知恵」＝「普通の知識・意見や判断力」を共有する努力を続けてきたのでしょう。そして、その「知恵」の総体を、「常識」と呼ぶのではないかと思うのです。


このあたりは、学問的にも非常に深い議論があるようなので、浅学な私が深入りすることはできませんが、私自身は、「常識」というものをこのように捉えていますので、「常識にとらわれるな」という言葉を聞くと、「他者と協力関係を築くな」と言っているように聞こえてしまうのです。

しかも、「常識」＝「固定概念」という解釈も、私の理解からは出てきません。

なぜなら、太古の昔から社会は常に変化のプロセスを辿っていますから、時代の変化に応じて「常識」も変化するのが当然のことだからです。

それに、私たちが社会的関係のなかで遭遇する出来事は、一つひとつが特殊なものですから、ある状況においてうまくいった対処法が、別の機会にもうまく機能するとは限りません。だから、協力関係を維持するための「常識」というものは、状況に応じて融通無碍《ゆうずうむげ》に運用されるものでなければなりません。

おそらく「常識」の中核には、「嘘をつかない」「約束は守る」「裏切らない」「相手に敬意を示す」といった、時代や状況に左右されない不変の「原理原則」のようなものがあると思います。

しかし、重要なのは、そのときに置かれた状況において、「原理原則」をもとにどのような具体的な行動をとるかを臨機応変に判断する能力だと思います。

たとえば、「嘘をつかない」という原理原則はあるけれども、「相手に敬意を示す」という原理原則を優先すべきときには、もしかすると「ちょっとした嘘を混ぜたほうがいい」こともあるでしょう。

あるいは、「相手に敬意を示す」という原理原則には反するかもしれませんが、「嘘をつかず、はっきりと相手の非を指摘すべき」という局面もあるかもしれません。そのときに、相手との関係性を踏まえながら、どのような言葉、口調、表情で伝えるべきなのか……。このような判断を的確にできる人物を、私は「常識人」として高く評価しているのです。

社内で高い次元の「常識」を共有する

さて、ここからが本題です。

ここまで論じてきたことを踏まえれば、高い次元の「常識」を社内で共有することが、企業の盛衰を大きく左右するということになるはずです。

なぜなら、会社というものは、集められた従業員同士が力を合わせて、取引先の協力も得ながら、お客様に喜んでいただくことで成立するものだからです。ビジネスで成功するためには、さまざまな知識やスキルが必要ですが、何よりも重要なのはさまざまなステークホルダーと適切な「協力関係」を築くことにほかなりません。そして、そのような能力に長けた従業員を育てるためには、経営側が高い次元の「常識」を社内で共有されるように努めなければならないと思うのです。

これは、ブリヂストンのようなグローバル企業では喫緊《きっきん》の課題でもありました。なぜなら、世界中に現地法人があり、異なる民族、宗教、言語、価値観をもつ約14万人の従業員が「協力関係」を結ぶ必要があるからです。

このようなきわめて多様性に富んだ環境においては、ルールでがちがちに縛ろうとすると反発が生じてうまくいきませんし、たとえそれができたとしても、従業員の画一性を強制するために、多様性そのものを殺してしまう結果を招くでしょう。

ここで重要になるのが「常識」です。

ユニバーサルに通用する「常識」を共有することができれば、その「常識」の基盤のうえで、さまざまな特性をもつ従業員が協力関係を結びながら、自由闊達《じゆうかったつ》に仕事をすることができるはず。多様性を尊重するためには、誰もが共有できる「常識」を育てることが重要なのです。

実際、「企業理念」（Value・Purpose・Mission）というコンセプトはアメリカで発祥したものですが、その背景には、同国が多民族国家であるという現実があるとされています。私なりの言い方をすれば、多様なバックボーンをもつ従業員をまとめるためには、「企業理念」という形で、全員が共有可能な「常識」を植え付ける必要があったのです。

「企業理念」を、「常識」にまで落とし込む

そこで、私はブリヂストンのCEOになった時に、創業以来大切にされてきた「社是」の精神を受け継ぎつつ、グローバルに通用する「企業理念」へと改訂することに着手しました。

改訂プロセスにおいて重視したのは、徹底的なディスカッションです。

本社の経営中枢が一方的に「企業理念」を押し付けるようなことをしても、それが「常識」として現場に浸透することは全く期待できません。本来、「常識」というものは現場での実践を通して、自生的に生まれてくるものだからです。

とはいえ、自生的に「常識」が育つのには、少なくとも十年単位の時間が必要でしょう。それを待つだけの余裕は、一民間企業にはありません。そこで、さまざまな国の会社の将来を担う幹部に徹底的にディスカッションをしてもらうことによって、全員が「我らの企業理念」と思えるようにすることをスタート地点に置いたのです。

そして、侃侃諤諤《かんかんがくがく》の議論のすえ、次のような「企業理念」を策定しました。

ブリヂストンの「使命」として「最高の品質で社会に貢献」という言葉を掲げたうえで、「誠実協調」「進取独創」「現物現場」「熟慮断行」という四つの「心構え」を定めるとともに、それぞれの言葉の意味内容を、次のような短い文章で提示しました。

誠実協調：常に誠意をもって、仕事、人、社会と向き合うこと。そして、異なる才能、価値観、経験、性別や人種といった多様性を尊重し、協調し合うことで、よい結果へと結びつけること。

熟慮断行：物事を遂行する際は、様々な場面やあらゆる可能性を想定し、深く考えること。「本質は何か」を見定め、進むべき方向を決断すること。そして、スピード感をもって、忍耐強くやり遂げること。

経営トップが「企業理念」を死守する

もちろん、この「企業理念」を掲げたのは出発点にすぎません。

この「企業理念」には本社中枢や現地幹部たちの思いが込められてはいますが、現場の従業員たちにとっては〝ただの文字列〟にすぎません。いや、「企業理念」をまとめた当の私たちにとっても、この段階では単なる「言葉」にすぎず、これからの実践を通して、「言葉」に実体を与えなければならないという思いでした。

まず第一に留意すべきなのは、経営トップが「企業理念」を死守することです。当たり前のことですが、経営トップが軽んじている「企業理念」を、社員たちが尊重するはずがありません。たとえ社員に対して権力的に「企業理念」を守らせることができたとしても、それが「常識」として社員たちの心に根付くなどということはありえないのです。

これは、それなりに「覚悟」のいることです。

たとえば、すでに書いたように、私がCEOだった頃、ある工場で設備が故障したときに、従業員の「安全」を最優先にするために、即座に生産をストップさせるように指示をしたことがあります。

「いかなる場合でも安全第一。安全確保のためなら、損失額はいくらになっても全く気にしなくていい」と伝えましたが、場合によっては数億円規模の損失が発生しかねない状況でしたから、さまざまなステークホルダーから責められるリスクはあります。

しかし、ここでひるんだら、「熟慮断行」という「心構え」に記した「『本質は何か』を見定め、進むべき方向を決断すること。」という言葉に反します。

事業活動において「利益」を得ることはきわめて重要ですが、そのために従業員の「安全」を犠牲にすることはできません。つまり、経営にとって本質的に重要なのは「安全第一」を遵守することであり、そのためには躊躇することなく「生産ストップ」を決断すべきなのです。

このように、経営トップがリスクをとってでも「企業理念」を遵守することがなければ、誰も「企業理念」を心から尊重するなどということはありえないでしょう。その意味で、経営トップが「企業理念」を死守する姿を見せることこそが、「企業理念」に実体を与えることになると言えるのです。

真摯な「対話」でしか、「良識ある組織」は生まれない

また、「企業理念」について、真摯なコミュニケーションを重ねることも決定的に重要です。

たとえば、「誠実協調」という「心構え」には、「常に誠意をもって、仕事、人、社会と向き合うこと」と書いてありますが、「誠意をもつ」とはどういうことなのかは、人によって解釈はさまざま。この解釈を揃えていくためには、個別具体的なケースにおいて、「どうするのが誠意のある対応なのか？」について真摯にコミュニケーションをとる以外にありません。

特に、経営トップである私が、こうしたコミュニケーションを大切にする必要があると思いました。経営トップが一方的に「こうするのが誠意というものだ」と押し付けることも可能ではありますが、それでは現場が「誠意とは何か？」を自分の頭で考える機会を奪ってしまうことになるからです。

しかも、経営トップがそういうことをすれば、組織全階層へとその姿勢はコピーされていくでしょう。その結果、お仕着せの「誠意」がはびこるばかりで、そこに従業員一人ひとりの実感がこもることはないのです。

もちろん、最終的には意思決定者が、「これが誠意のある対応である」と決める必要がありますが、その結論に至るまでには関係者と「何が誠意ある対応か？」について腹を割って話し合うことが大切です。

そのうえで、意思決定者が決めたアクションを全員で実行し、それが実際に「誠意ある対応」だったかどうかを検証。至らない点があったとすれば、それを反省することを通じて、各人の心のなかに「誠意」というものに実体が備わっていくのです。そして、そういう経験を何度も繰り返すことによって、「誠意」というものが、組織のなかの「常識」として定着していくと思うのです。

こうして、「良酒」が時間をかけて熟成されるように、「企業理念」を軸に真摯なコミュニケーションを積み重ねることで、社内には「良き常識＝良識」が熟成されていくのだと思います。

そして、この「良き常識＝良識」を共有した社員たちが、社内外に上質な「協力関係」の目を張り巡らすことで、企業は社会にしっかりと根を下ろし、大きな仕事を成し遂げることができるようになるのです。

平常心

「平々凡々」こそ経営の極意である。

「命取り」になる、経営者の行動とは？

「平常心」を保つ——。

これは、経営者にとってとても大事なことだと思います。

経営者にはさまざまなステークホルダーに対する重責がありますし、日々、重大な意思決定や決断を迫られるうえに、いざトラブルが発生すればその矢面に立たなければなりません。そのような職責につけば、誰だってストレスを感じるでしょうし、時には、平常心を失いそうになることがあっても不思議ではありません。

しかし、これが命取りになることもあります。

言うまでもありませんが、平常心が失われた状態では、思考がまともには働かないため、結果的に重大な判断ミスを犯す可能性がきわめて高いからです。

特に注意が必要なのが、突然、危機的な状況に陥ったときや、重大なトラブルに見舞われたときです。そんな時に、思わず気が動転して、言い訳を始めたり、誰かを責めたり、わめき立てたり……取り乱してしまう人もいますが、あれは経営者として最悪です。

そもそも、そんなことをしている時間がもったいない。

トラブル・シューティングはスピードが命ですから、「気を確か」にもって、周知を集めつつ即座に対応を開始するのが鉄則。初動で遅れとったうえに、取り乱したために判断を間違えれば、致命的な事態を招き寄せる結果を招くでしょう。

どんなときも「気を確か」にする

しかも、たとえトラブルは辛うじて乗り越えることができたとしても、そのような失態をさらけ出した経営者の「求心力」は決定的に損なわれるでしょう。

当然ですよね？　ひとりの人間として見苦しい（尊敬できない）ということもありますが、そもそも、経営者は、言い訳をしたり、誰かのせいにしたりする権利もなければ、そんな立場でもありません。

なぜなら、組織で起きたすべての出来事の責任は、最終的には経営者に行き着くからです。そのような、経営者としての基本中の基本が、一瞬で吹き飛んでしまうような人物に「求心力」が働くわけがないのです。

ところが、そういう人物に限って、損なわれた「求心力」を取り戻そうと、「権力」にすがり始める。「人事権」を振り回して、自分に批判的な人を遠ざけ、自分に忠実なイエスマンを取り巻きにするのです。そして、経営者が自分を守ろうとする結果、組織はあっと言う間に弱体化していくのです。

私は、そのような醜態だけはさらしたくないと思っていました。

ひとりの人間として耐え難いですし、会社を取り巻く多くの方々にご迷惑をおかけするのは是が非でも避けたいからです。

そして、結局のところ、心に「弱さ」があると、どんなに業務上の実績があっても、どんなに頭脳明晰であっても、経営者としてまっとうな仕事を成し遂げることはできないのだと思います。何が起きても「平常心」を失わず、「気を確か」にして、最善の努力をするのが経営者としての根本だと思うのです。

「心から好きなこと」に没頭する時間をもつ

「ストレス解消の方法は？」

私がCEOを務めていた頃、ときどきメディアの取材を受けましたが、よく尋ねられた質問です。

たしかに、経営者の仕事は「24時間365日」ですから、そのなかで上手に気分転換をするのは、メンタル・マネジメントするうえでは大切なことです。ただ、正直なところ、私には人様にわざわざお話するほどの「方法」があるわけではありませんので、それを聞いた記者さんたちは、おそらく「これで記事になるかな？」と思ったのではないかと思います。

私は学生時代に美術部に入っており、黙々と油絵を描くのが大好きでした。

だから本当は、休日には絵を描きたかったのですが、油絵をやると小さい家中すごい臭いがこもるので難しい。だから、面白い絵画展があれば、美術館に足を運んで楽しむのが一番のストレス解消だったように思います。

あとは「庭いじり」ですね。記者さんが気を利かせて、「ガーデニングが趣味」と見栄えよく書いてくれましたが、ごくごく小さな庭で草木の世話をしていただけですから、「庭いじり」というのが的確な表現です。だけど、どういうわけか、私は「庭いじり」をすると、仕事のこともすっかり忘れて没頭することができるのです。


だから、私は「好きなもの」「好きなこと」をもつことが、精神衛生上は非常に大切ではないかと思っています。

「好きなもの」に囲まれていたり、「好きなこと」をやっていると、ただそれだけで日常の雑事からは解放されます。経営者は常に難問難題を抱えていますから、24時間365日延々とそれらと向き合っていると、知らないうちに気が滅入ってきます。だから、片時であってもいいから、完全にそれらから解き放たれる時間をもつことが大事なのだと思うのです。

それだけでも気持ちがリフレッシュして、新たな気持ちで難問難題に向き合うことができるようになりますし、一旦それらから離れたからこそ、それまでにはなかった視点で問題を見つめ直すことができ、天から授かるような感覚で「解決策」が見つかるようなこともあります。


要するに、没頭できる「趣味」をもつということですが、私がそうだったように、その「趣味」は誰かに自慢できるようなものである必要は全くありません。

私の経営者仲間のなかには、スケールの大きな趣味をもつ人もいました。自家用のヨットをもっていて、仲間を誘って泊まり込みでヨットを走らせるとか、小型飛行機を所有していて操縦を楽しんでいるとか、素直に「すごいな!」と思う趣味をもっている人がたくさんいらっしゃるのです。

だけど、その人たちは、そうするのが「心から楽しい」からやっているのであって、誰かに「自慢」したくてやっているわけではありません。むしろ、もしも「自慢」したくてやっているとすれば、それはきっと精神衛生上よくないのではないかという気がします。

その意味では、ヨットや小型飛行機などの「すごい趣味」に没頭することと、私のようなチマチマした「庭いじり」が楽しくて没頭することは、精神的な次元においては全く同じことなのです。

大切なのは、心の底から楽しむことです。

そこには他者との比較は一切必要ありません。それよりも大事なのは、「自分が何を好きなのか？」「自分は何をやっていると楽しいのか？」を知ること。つまり、「自分」を知ることではないでしょうか？　そして、自分の心が楽しんでさえいれば、どうということのない「普通の趣味」で全く問題ないのです。

自分に恥じない「経営」をする

ただし、ここまで書いてきたように、没頭できる「趣味」をもつことで、上手に休養を取ったり、気分転換を図ったりすることは、「平常心」を保つうえで大切なことだとは思いますが、これが本質とは思っていません。

私が本質的に大切だと思うのは、自分の心に恥じない経営をすることです。自分のなかに「やましさ」のようなものがあれば、何をやっていても心が休まるはずがないからです。


私たち人間には「良心」というものがあります。

そして、「良心の呵責《かしやく》」という言葉があるとおり、自分のなかに「やるべきことをやっていない」という「やましさ」が存在すれば、「良心」はそのことを絶えず責め苦しめます。あるいは、「いつか、その問題に火がついて、取り返しがつかないことが起きるのではないか？」という「不安」に苛《さいな》まれるかもしれません。

そのような「呵責」を抱えている限り心が休まることはありませんし、いずれ心は擦り切れていってしまうのではないでしょうか。そして、心のなかがそんな状態のまま「平常心」を保つことなど、普通の人間にはできないと思うのです。


たとえば、すでに書いたように、私がタイ・ブリヂストンのＣＥＯだったときに、当時、非常にバーツが強かったために、金融機関から調達したドルに為替予約などのリスクヘッジをかけず〝裸〟で使っている経営者が、私の周りにはたくさんいました。彼らは、口では「ドルを〝裸〟で使っているから、安いコストで大きな投資ができている」などと嘯《うそぶ》いていましたが、いま思えば、多くの経営者の内面には複雑な感情が渦巻いていたのではないかという気もします。

まともな経営者であれば、「為替の行方は誰にもわからないから、必ずリスクヘッジをかけておくべき」という原理原則はわかっているはずです。

それだけに、「もしも、バーツが暴落したら……」と「不安」を覚えていたはずだし、「いまはいいけれど、万一のときには、会社に大損害を与える……」という〝やましさ〟も抱えていたはずです。彼らは夜、ぐっすり眠れていたのだろうかという気がしてきます。

「原理原則」に徹すれば心が定まる

一方、「原理原則」に則ってリスクヘッジをかけていた私は、彼らに「臆病者」と軽侮されているのを感じていましたが、心の中には一切の「不安」「やましさ」がありませんでしたから、毎晩、ぐっすりと眠っていました。

そして、ドルを〝裸〟で使うという「危ない橋」をわたって、見掛け倒しの好業績を演出するのではなく、タイ・ブリヂストンの「実力」を上げるために、従業員たちと一緒に元気いっぱいで働いていました。

だからこそ、バーツが突如として暴落したときも全くの無傷でしたし、それまでどおり従業員たちと一緒に頑張り続けたことで、ミシュラン、グッドイヤーなどのグローバル・ジャイアントを差し置いて、タイのタイヤ市場でトップシェアを確立することができたのだと思います。

「楽観」と「達観」を育てる

あるいは、トラブル対応のときもそうです。

すでに述べたように、トラブル対応の「原理原則」はきわめてシンプル。「逃げない」「正直である」「嘘を言わない」「謝るべきは謝る」「解決に向けて愚直に行動する」といった、小学生でもわかるようなことばかりです。

いざトラブル対応の矢面に立ったときには、経営者は〝火だるま〟のようになりますが、これらの「原理原則」を踏み外すことなく、地道に誠意をもった対応を続けることで、必ずトラブルは解決へと向かうのです。

この「楽観」を心の中に育てることができれば、どんなトラブルが起きても「誠実に対応すれば、なんとかなる」と信じることができます。そして、「平常心」を失うことなく、「気を確か」にもって、役員・従業員たちと密接に連携しながら、問題解決に向けて着実に対処していくことができるのです。


もっと言えば、その「楽観」が裏切られることがあっても、それはそれで仕方がないという「達観」も必要でしょう。どんなに全社一丸となって誠実な対応を続けたとしても、その努力が報われることなく、巨額の賠償金を支払わなければならないといった事態に追い込まれることはありえます。

そのときには、組織のトップとしての責任から逃げることなく、状況に応じて、CEO辞任を含めてやるべきことを粛々《しゅくしゅく》とやると腹をくくる必要はあるでしょう。

しかし、「原理原則」に則って、やれる限りの努力をした結果であれば、どんな結果に終わったとしても、それは経営者としての力不足ではあったとしても、人間として恥ずべきことはないはずです。このように「達観」することができれば、「不安」「やましさ」などの曇りのない心理状態になります。そして、「正々堂々とやればいい」と腹が決まるのです。

実際、私はブリヂストン本社のCEO在任中に、カルテル疑惑が突如発覚するという深刻な不祥事に遭遇して、その対応には極度の緊張を強いられましたが、夜にはぐっすりと眠ることができました。

ところが、こういう不祥事に見舞われたときに、「悪あがき」をしてしまう経営者もいます。問題の火消しを図ったり、言い逃れをしたり、部下の責任にしようとしたり、なんとかごまかそうと違法すれすれのことをしてしまったり……。「それはないだろう」と思うようなことを、思わずやってしまうのです。

だけど、世の中には「ウルトラC」は起きません。小手先のごまかしが通用するほど世間は甘くありませんし、たとえ最初はうまくごまかせても、後からまた問題が噴き出てきて、とんでもないことになるものなのです。

しかも、当の本人の「良心」は黙っていませんよ。心の中の「やましさ」「不安」を厳しく責め立てられて、精神的に辛い状態に追い込まれてしまうに違いありません。私には、どうしてそのような「苦しい生き方」をわざわざ選ぶのか、正直なところよくわからないのです。

経営者は、とにかく「原理原則」に徹することが大切です。

経営に「ウルトラC」はありません。小手先の「妙案奇策」など世の中には通用しないのです。

一方、「原理原則」に忠実に正攻法で経営するのは、「平々凡々」に見えるかもしれませんが、それゆえに余計なストレスにさらされることなく、常に「平常心」で確実な意思決定を積み重ねていくことができます。そして、コツコツと地に足のついた工夫を積み重ねることで、卓越した経営が生み出されるのだと思います。

だから、私は「平々凡々」こそが経営の極意だと確信しているのです。

使命

経営とは「調和」を実現することである。

18

経営者の「使命」は何か？

私がブリヂストンに新卒で入社したのは1968年のことです。あれから半世紀以上の時が流れましたが、この間、「経営」というものも大きく変わったと改めて思います。以下に、おおざっぱではありますが、私の基本的な理解を記しておきたいと思います。

私が社会に出た頃の日本は、戦後、外国資本や投機筋などによる株式買い占めへの防衛策として広がった「株式持ち合い」が、ちょうどピークに達していた時期に当たります。お互いに「カネは出すが、クチは出さない」という安定株主の役割を果たすとともに、取引先として長期安定的な関係を維持する仕組みがあったことで、長期的な視点で経営に取り組むことができていたとよく言われます。

また、当時は、「労使協調路線」が主流でした。

「労使協調路線」とは、労働者と資本家が協力し合うことで企業を成長させ、得られた利益を分け合うことで、労使ともに豊かになるのを目指すことですが、実際に、日本経済が高度経済成長を続けるなか、労働者の賃金も右肩上がりだったわけです。

しかし、一方で、あの頃すでに変化は始まっていました。

1970年代のアメリカで、「株主中心主義」が主流になっていったのです。

ご存知のとおり、「株主中心主義」とは、株主の利益を最大化することを企業経営者の「使命」とする考え方であり、これが世界中を席巻《せっけん》していきました。

日本でも、バブル崩壊後の1990年代の金融危機をきっかけに、金融機関が持ち合い株を放出すると、事業会社もそれに倣うように持ち合い株を放出。その後、外国人の持ち株比率が大幅に上がったことで、アメリカで発祥した「株主中心主義」が根付いていったとされています。

会社は「価値」を中心に動いている

ちょうどその頃に、私は、ブリヂストンの経営中枢に入っていったわけで、「株主中心主義」が広がっていくなかで、経営を実践する世代だったと言えるのでしょう。

そして、私自身は、「株式持ち合い」のもと、多くの日本企業が株主の権利に対する認識が弱かったのは事実だと思うので、株主の権利を重視する「株主中心主義」の普及は、企業経営者の意識を変えるよいきっかけになったとは思っています。

また、日本企業は欧米企業に比べると、ＲＯＥ・ＲＯＡが低かったのも事実で、「モノ言う株主」からの指摘を受けることで緊張感が生まれ、資本効率・資産効率を強く意識する経営へと進化させていく契機になったとも言えるでしょう。

ただ、私にはずっと違和感もありました。

「株主中心」というコンセプトが、経営というものの「本質」からずれているような印象が拭えないからです。

たしかに、株主の出資によって成立するのが株式会社であり、経営者は株主に選任される存在ですから、株主の意向と利益を尊重するのは当然のことです。しかし、企業というものは、世の中に「価値」を提供するために存在しているはずで、その「価値」を生み出すことに情熱をもつ従業員や、その「価値」を認めてくださるお客様がいるからこそ成り立っていると言えるわけです。

もっと率直に言えば、「株主の利益を最大化」するために全霊を注ぐ従業員もいなければ、「株主の利益を最大化」するために商品・サービスを利用するお客様も一人もいらっしゃいません。これは、ごくごく当たり前のことでしょう。

つまり、株主は企業にとってきわめて重要なステークホルダーではありますが、企業というものは「株主」を中心に動いているわけではなく、あくまでも「価値」を中心に動いていると認識すべきだと思うのです。

「数字」を扱うように、「人間」を扱ってはならない

実際、近年、「株主中心主義」の本場であるアメリカですら、その行き過ぎによる弊害が声高に語られるようになっています。

その一つの象徴として語られることが多いのが、凋落著しい航空宇宙機器開発製造会社・ボーイングです。周知のとおり、同社は、その技術力が高く評価されていた、アメリカの製造業を代表する名門企業でしたが、同社が製造した小型機が相次いで墜落事故を起こし、たいへんな数の犠牲者を生み出しており、危機的な経営状態に陥っているのです。

各種報道によれば、そのような苦境に陥った背景には、自社株買いや高額配当など過度の株主還元を進める反面、飛行機の開発資金を出し渋ったり、従業員を冷遇するなど、長年にわたって「現場軽視」を続けてきたことがあるようです。

私が驚いたのは、コロナ禍で航空機の需要が激減したときに、熟練工を大量に解雇し、コロナが去り需要が戻ってから、大量に新規採用をしたという報道です。その結果、航空機製造には高度な技術が求められるにもかかわらず、熟練工が激減しているというのです。これが事実だとすれば、製造過程でミスが多発するのも当然の帰結だと思わざるを得ません。

もちろん計算上は、需要が激減したときには雇用を減らし、需要が戻ったら雇用を増やすのが「正解」かもしれません。

しかし、言うまでもありませんが、労働者は「数字＝概念」ではなく、肉体と精神をもつ「人間」であり、その「人間」が集まることで成り立つ「組織」も、無機物ではなく生命体にほかなりません。人間が高度な技術を習得するためには長い時間がかかりますし、その技術を次世代に継承するためには、そこに良好な人間関係というインフラがなければならないのです。

にもかかわらず、「数字」を足したり引いたりするような感覚で、「人間」を足したり引いたりしていたとすれば、生命体である「組織」がガタガタになるのも当然のことではないでしょうか。

その結果、飛行機の事故が相次ぎ、甚大なる人的被害を出しているとすれば、それは社会的存在である企業として、決して許されることではないでしょう。そして、そのような事態を招いたのは、ボーイングが行き過ぎた「株主中心主義」に陥っていたからだという報道が多数なされているのです。

「株主中心主義」のパラドックス

これは、理屈で考えても当然の成り行きでしょう。企業が上げた「利益」のなかで、「株主の利益を最大化」しようとすれば、それ以外の「経費」や「投資」を減らすほかないからです。従業員の給与を抑え、取引先の中小企業への支払いを抑え、設備投資や新規事業投資、研究開発投資などを抑える。そうすれば、「株主の利益を最大化」することはできるでしょう。

しかし、その結果、その会社が「価値」を生み出すために絶対に欠かすことのできない、「従業員、取引先のモチベーション」や「長期的に『価値』を生み出す開発力・技術力」などを失うとすれば、結局のところ株主にも不利益をもたらすことになるに違いありません。「株主中心主義」には、このようなパラドックスがあると思うのです。

さらに、「現場」の劣化によって、製品・サービスの不備が頻発するようになれば、企業経営が根幹から崩れ去るのはもちろん、万一にも人命にかかわるような事故が起きれば、まさに取り返しのつかないことになってしまいます。

だから、私がブリヂストンのＣＥＯだったときに、「コストカット」という言葉を使うことを厳禁しました。

なぜなら、「コスト」を単に「カット（切り捨てる）」するのは、自社の「利益」を最優先にするために、品質を犠牲にすることと同義だからです。タイヤは人の命を預かる商品ですから、そんなことは絶対に許されないと考えたのです。

もちろん「コストダウン」や「コスト・ストラクチャー・チェンジ」はやりますが、その場合には、絶対に品質は落とさない、むしろ品質を上げることと「両立」させることを徹底しています。お客様の安全安心こそが「価値」の中核であり、その「価値」を毀損《きそん》することは一切認めないと明示したのです。

会社を繁栄させる「絶対条件」とは？

ともあれ、私は、株主が企業にとって重要な存在であることは言うまでもありませんが、だからと言って「株主中心主義」という思想には同意しかねると考えています。

すでに述べたように、「株主中心主義」を極めれば、必然的に企業を脆弱《ぜいじゃく》にし、結果的に株主にも不利益をもたらすからです。むしろ、株主のみならず全てのステークホルダーを尊重することによってこそ、企業は繁栄するのであり、その結果として、株主利益も高い水準を持続することができると思うのです。

もっと言うと、企業が繁栄するかどうかは、現場で働いている自社の従業員や、取引先の従業員たちが、「よい仕事をしよう」とワイワイ元気に働いてくれているかどうか、この一点にかかっていると言っていいと私は思っています。

これは、これまで世界中に点在するブリヂストンの事業所や工場に、何度も何度も足を運ぶ経験を通じて学んだ「経営の鉄則」のようなものです。

自分がやっている仕事に誇りをもち、自分が所属する職場に愛着をもつ人々が、生き生きと楽しそうに力を合わせて働いている職場は、必ず高い業績を上げてくれますが、一方で、真面目に働いてくれていても、全然楽しそうではなく、どこか暗い雰囲気が漂っている職場は、一時は業績がよくても、それが長続きすることはありません。

では、現場の活力を引き出すためにはどうすればいいのか？

本書で繰り返し述べてきたとおり、現場の人たちが「それを実現したい！」と思うような「会社のあるべき姿」を描き出し、現場のオーナーシップを尊重しながら、彼らが思い存分に力を発揮してもらえるような環境をつくることです。

そして、現場の人たちの内面から溢れ出るエネルギーが増幅して「うねり」のようになったときに、会社組織はもてる能力を最大限に発揮し始めるのです。つまり、資本効率・資産効率を高めるために究極的に重要なのは、現場の人たちの「活力」を高めることなのです。

ですから、私はこう考えています。

経営者の使命とは、「株主の利益を最大化する」ことではない、と。

そうではなく、世の中に「価値」を生み出すために、株主、従業員、取引先などのステークホルダーとコミュニケーションを図りながら、すべてのステークホルダーが力を合わせて、最高のパフォーマンスが発揮されるように働きかけることこそが「経営者の使命」だと思うのです。

そのためには、いずれかのステークホルダーに重心が傾くような関係性や、限られた「利益」「資源」をステークホルダーが奪い合うような関係性をつくるのではなく、すべてのステークホルダーが「調和」するようなマネジメントをすることが経営者には求められるのでしょう。

もちろん、これは理想論にすぎるかもしれません。

それに、経営者がひとりで達成できるようなことではないかもしれません。

私自身、ＣＥＯという役割を精一杯務めたつもりですが、「経営者としてできることが、もっとあったはずだ……」と反省しているのが実情です。ただ、すでに現役を退いた私にできることは限られています。だから、どうか次世代の皆さんに、「株主中心主義」を超えて、より本質的な「経営者の使命」を追求していただくことによって、よりよい社会を築いていただきたいと心から願っています。

あとがき

最後までお読みくださりありがとうございました。

ここまで、ブリヂストンという会社で経営に携わった経験を踏まえて、私なりの「経営論」を書き連ねてきましたが、正直なところ、書き始めてからずっと不安を抱えていました。

私がブリヂストンの会長を退いて、すでに10年が経過。その間、別の会社で社外取締役や社外監査役を務める機会に恵まれましたが、経営の第一線からは遠ざかっているという実感がありました。だから、急ピッチで変化していく現代社会で、私の経験則は時代遅れではないかという不安を拭えなかったのです。

ただ、経営というものを突き詰めると、要するに「人を集めて、一緒に力を合わせて、『価値』を生み出すこと」だとすれば、やっていることの本質は太古の昔から変わらないとも言えます。

であれば、私なりに、経営者として経験してきたことを振り返りながら、経営において本質的に重要なことを掘り下げることで、現役の経営者やビジネスパーソンの皆さんに、何かヒントにしていただけることも書けるかもしれない……。そう自分を励ましながら、なんとかここまでたどり着いたという次第です。

そして、本書のタイトルが示すように、私は、経営者として「何を恐れていたのか？」、あるいは「何を恐れるべきだったのか？」という視点で思考を巡らせてきました。経営者として「恐ろしい」「危ない」「絶対に避けるべき」と感じるということは、そこに経営において欠かすことのできない「原理原則」が隠されていると思うからです。

もちろん、本書で書くことができたことは、「経営」のほんの一側面にすぎません。

そもそも、経営というものは、論理や数式で割り切れる世界ではなく、生身の人間の集合である企業という生命体が、いかにして生き残っていくかという、言ってみれば摩訶不思議な世界ですから、私ごときが、その全体像を描き出すなど不可能とわきまえているつもりです。

それに、私は本書でいくつもの「原理原則」を言葉で表現してきましたが、本当のことを言うと、あの言葉はすべて「原理原則」の一側面を切り取ったようなものだと感じています。

というのは、私のなかには、若い頃から積み重ねてきた無数の経験・伝聞などがいっしょくたになって、名状しがたい塊《かたまり》のようなものとして「原理原則」が存在しているように感じるからです。そして、なんらかの局面で、身体が「危険」を察知したときに、「原理原則」の塊のようなものが、何を軸に判断し、行動すればよいかを教えてくれるという感覚なのです。

ですから、「原理原則」というものを、すべて言葉で表現し尽くすというのは不可能だと思いますし、本書で記した「原理原則」をそのまま覚えても、本質的にはあまり意味がないように思います。

それよりも大事なのは、皆さんお一人おひとりが、喜び、悲しみ、痛み、苦しみなどを伴いつつ、成功したり、失敗したり、さまざまなビジネス経験を積み重ねることであり、そのなかで「何が本質的に重要なのか？」を延々と考え、試行錯誤を続けることだと思います。そのようなプロセスでしか、心のなかに「原理原則」の塊が生まれ、育つことはないと思うのです。

最後に、もう一つだけ大切なことをお伝えして、本書を終わりにしたいと思います。
それは、さまざまな経験を通して、心の中に「原理原則」の塊を育てることがよい経営をするためには大切なのですが、実際には、それだけでは「原理原則」を上手に使いこなすことはできないということです。
なぜなら、「原理原則」に基づいて、いかに素晴らしい対策を考え出したとしても、それを多くの従業員たちが、「我がこと」のように受け取ってくれなければ、何も生まれないからです。経営者は、立派なことを考えるだけではだめで、それを社内に浸透させ、組織に「うねり」を生み出さなければならないのです。

そのためには、どうすればいいのか？

さまざまな方法論があるとは思いますが、私が根本的に大切だと思うのは「謙虚さ」です。これを徹底することによってこそ、周囲の信頼、サポート、協力を得ることができるのです。

人間の集合体である組織において、嫌われたり、信頼されなかったら、どんなに優れた提案であっても、それを実現させることはできません。

これは、平社員であろうが、経営トップであろうが変わりません。むしろ、権威・権力をもつ経営トップこそが、実際には嫌われていたり、信頼されていなかったりしても、誰もそれをストレートには表現してはくれませんから、余計に「謙虚」であることを徹底することが求められるのです。

もちろん、生まれながらに、人に好かれる人格・資質が備わっている人は、わざわざ「謙虚さ」を意識する必要はないかもしれませんが、そのような人物はきわめて稀なのが現実です。

私自身、そのような人格・資質には恵まれなかった「でこぼこ」のある人間です。

そのような私が、人にことさらに好かれようとしても〝胡散臭《うさんくさ》い人間〟にしかなれませんが、せめて、嫌われない人間にはならなければ組織を動かすことはできません。それで、私なりに若い頃から徹底してきたのが「謙虚であること」だったのです。

これは能力ではなく、訓練で身につけるものだと思います。

いや、自分を客観的に見つめて、「自分がでこぼこのある人間だ」ときちんと認識することさえできれば、自然と「自分の知識など限られている。他者に教えてもらうことでしか成長できない」「自分は不完全な人間だから、助けてもらわなければ仕事ができない」といった姿勢が身につくはずなのです。

この姿勢を徹底することによって、周囲の人々は、私たちのことを一人の人間として受け入れてくれるようになります。そして、長い時間をかけて、社内にそのような「味方」をたくさんつくることによってこそ、経営者は「原理原則」を軸にしながら、社内に「うねり」を生み出すことができるようになると思うのです。

それだけではありません。

これまでの人生を振り返ると、私なりに「謙虚」に生きてきたことで、なんとか社内外の多くの方々に存在を認めていただくことができ、力を合わせて仕事に取り組むことで、たくさんの「良き思い出」を与えていただけたと感謝しています。

もちろん、世の中は思うようにはいきません。無念を噛み締めたこともあれば、悔しい思いをしたこともありますが、それも含めて、皆さんと信頼関係のもと一緒に仕事を楽しんだ「思い出」は、私の大切な財産です。本当にありがとうございました。

また、家族にも心からの感謝を伝えたい。

度重なる海外出張・赴任で負担をかけたにもかかわらず、仕事に夢中になることを許してくれたうえに、いつも温かく応援してくれました。家族の存在に支えられて、ここまで生きてくることができました。

皆さんへの感謝を胸に、これからの人生を全うしていきたいと思っています。

本当にありがとうございました。そして、これからもよろしくお願いいたします。

２０２４年９月

荒川詔四

荒川詔四（あらかわ・しょうし）

株式会社ブリヂストン元CEO

1944年山形県生まれ。東京外国語大学外国語学部インドシナ語学科卒業後、ブリヂストンタイヤ（のちにブリヂストン）入社。タイ、中近東、中国、ヨーロッパなどでキャリアを積むほか、アメリカの国民的企業だったファイアストン買収（当時、日本企業最大の海外企業買収）時には、社長参謀として実務を取り仕切るなど、海外事業に多大な貢献をする。

タイ現地法人CEOとしては、同国内トップシェアを確立するとともに東南アジアにおける一大拠点に仕立て上げたほか、ヨーロッパ現地法人CEOとしては、就任時に非常に厳しい経営状況にあった欧州事業の立て直しを成功させる。

その後、本社副社長などを経て、同社がフランスのミシュランを抜いて世界トップシェア企業の地位を奪還した翌年、2006年に本社CEOに就任。「名実ともに世界ナンバーワン企業としての基盤を築く」を旗印に、世界約14万人の従業員を率いる。

2008年のリーマンショック、2011年の東日本大震災などの危機をくぐりぬけながら、創業以来最大規模の組織改革を敢行したほか、独自のグローバル・マネジメント・システムも導入。また、世界中の工場の統廃合・新設を急ピッチで進めるとともに、基礎研究に多大な投資をすることで長期的な企業戦略も明確化するなど、一部メディアから「超強気の経営」と称せられるアグレッシブな経営を展開。その結果、ROA6％という当初目標を達成する。

2012年3月に会長就任。2013年3月に相談役に退いた。キリンホールディングス株式会社社外取締役、株式会社日本経済新聞社社外監査役などを歴任。著書に『優れたリーダーはみな小心者である。』『参謀の思考法』（ともにダイヤモンド社）がある。

臆病な経営者こそ「最強」である。

2024年9月17日　第1刷発行

著　者——荒川詔四

発行所——ダイヤモンド社

〒150-8409　東京都渋谷区神宮前6-12-17

https://www.diamond.co.jp/

電話／03·5778·7233（編集）　03·5778·7240（販売）

装丁————奥定泰之

製作進行——ダイヤモンド・グラフィック社

印刷————ベクトル印刷

製本————ブックアート

編集担当——田中 泰

ISBN 978-4-478-11735-4